Nora Kircher · Leben ohne Gluten

Nora Kircher

Leben ohne Gluten

Ratgeber für Zöliakie, Sprue und Getreideallergie – Mit über 100 Rezepten

Jopp
Oesch

6. Auflage 2004

Umschlaggestaltung: Kreativ Design Aumann, Wiesbaden
Zeichnungen: Heidi Jopp
Druck und Bindung: Legoprint S.p.A., Lavis (TN)
Printed in Italy

ISBN 3-0350-5017-1

Gern senden wir Ihnen unser Verlagsverzeichnis:
Oesch Verlag, Jungholzstraße 28, 8050 Zürich
E-Mail: info@oeschverlag.ch
Telefax 0041/44 305 70 66 (CH: 044 305 70 66)

Unser Buchprogramm finden Sie im Internet unter:
www.joppverlag.ch

Inhaltsverzeichnis

Vorwort

Nach sehr langer Krankheit fand ich 1985 selbst heraus, daß ich gluten- und laktosehaltige Lebensmittel nicht vertrage. Dies gelang mir nur auf Grund meiner umfangreichen Kenntnisse über Nahrungsmittel und meiner genauen Beobachtungsgabe. Die Diagnose Sprue mit Laktoseintoleranz wurde gestellt, und eine Welt brach für mich zusammen. Hatte ich mich doch so gesund ernährt und sogar mein Brot selbst gebacken oder im Naturkostladen gekauft.

Gerade bei Getreideprodukten achtete ich auf die Vollwertigkeit. Ich, die mindestens zweimal täglich Brot aß, durfte genau dies nun nicht mehr. Allerdings fühlte ich mich *sofort* soviel besser, daß ich die glutenfreie Diät sehr schnell als »lebensrettend« empfand.

Sofort verbesserte sich die Lebensqualität unserer Familie. Wir konnten unser Leben planen. Nicht nur, daß wir morgens schon Theater- oder Kinokarten kaufen konnten – wir konnten wieder Wochenendausflüge und sogar Urlaube planen. Vor der Diagnose konnten wir keinen Zeitplan aufstellen, der mehr als wenige Stunden umfaßte. Ich ahnte nicht, daß es mit dem gegessenen Brot zusammenhing. Einige Jahre später kam eine Nierenerkrankung dazu, die mich zwingt sehr eiweißarm zu leben.

Trotz all dieser «Einschränkungen« habe ich nie das Gefühl, einen Mangel zu erleiden. Ich kann mir ein Leben mit »normaler« Ernährung nicht mehr vorstellen. Selbstverständlich muß ich sehr oft verzichten. Ein Verzicht, der mir aber Lebensqualität gibt. Außerdem bin ich täglich dafür dankbar, daß ich in einem Land lebe, in dem es keinen Mangel, eigentlich sogar Überfluß gibt. Es gibt Menschen auf der Erde, die wären froh und könnten vor allem überleben, wenn sie auch nur einen Teil von dem hätten, was ich noch essen darf.

Werde ich einmal, wie so oft, bemitleidet, erinnere ich daran und frage außerdem, wieviel unterschiedliche Lebensmittel mein Gegenüber im Alltag ißt. Die Zahl ist nie sehr hoch. Ich esse mindestens dieselbe Menge, nur ist es eine *andere* Auswahl.

Ich lebe sogar so gut mit der Diät, daß ich oft für Wochen den Rucksack schultere und mit meinem Mann in der ganzen Welt herumreise.
Ich wünsche mir, daß Ihnen das Buch hilft und Mut macht, auch ein normales, erfülltes Leben zu führen.

Einleitung

Dieses Buch soll vor allem eine Hilfestellung für das Leben mit glutenfreier Ernährung sein. Deshalb hier nur eine verkürzte Darstellung der Krankheit Zöliakie/Sprue.
Die Selbsthilfegruppen (Adressen finden Sie im Anhang des Buches) haben für Mitglieder umfangreiche Informationen.

Selbsthilfegruppen

Die Deutsche Zöliakie-Gesellschaft e.V., die Schweizerische Interessengemeinschaft und die Österreichische Interessengemeinschaft Zöliakie sind Vereine, deren Mitglieder Zöliakie- und Spruebetroffene sind oder an Morbus Duhring leiden.
Der deutsche Verein ist in regionale Gruppen unterteilt, die jeweils von einer dort lebenden »Kontaktperson« geleitet werden. Diese Kontaktpersonen bieten Veranstaltungen an, können aber auch persönlich um Rat gefragt werden.
Aber nicht nur deshalb ist eine Mitgliedschaft sinnvoll. Außer medizinischen Schriften, einer regelmäßig erscheinenden Zeitschrift und Rezepten gibt es jährlich neu erscheinende Hefte mit glutenfreien Arzneien und Lebensmitteln.
Erlebnistage und Mitgliederversammlungen werden regelmäßig an verschiedenen Orten angeboten.
Eine Mitgliedschaft ist gemessen an der Leistung sehr preiswert und für Morbus-Duhring-, Zöliakie- und Spruebetroffene sehr zu empfehlen.

Medizinische Erklärungen

Der Dünndarm mit seinen Zotten

Der 3–4 m lange Dünndarm hat einen Durchmesser von etwa 3 cm und befindet sich zwischen Magen und Dickdarm. Sein oberer Bereich wird *Zwölffingerdarm* genannt und ist so lang wie 12 Finger breit sind, also etwa 30 cm. An seinem Ende liegen die 1 cm langen Kerckring-Falten, die sich im gesamten Dünndarm befinden und am Ende weniger werden. Die Oberfläche dieser Falten enthält zur Oberflächenvergrößerung 1 mm lange fingerförmige Zotten, welche wiederum zelloberflächenvergrößernde Strukturen haben.

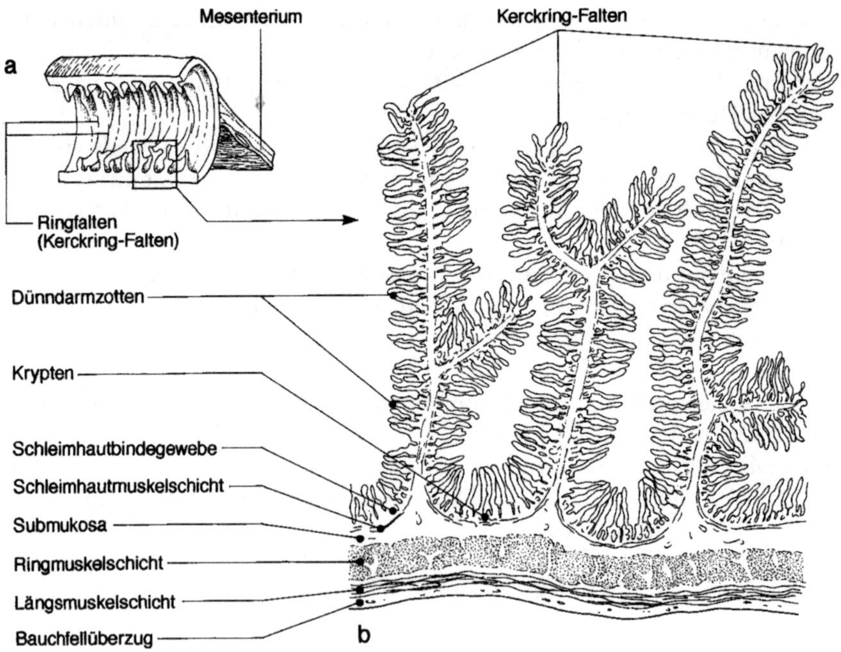

Würde man einen gesunden Dünndarm ausbreiten, wäre er, dank der Oberflächenvergrößerung, so groß wie ein Sportplatz.
Die Zotten mit ihren Strukturen haben die Aufgabe, den Speisen die wichtigen Mineralien und Vitamine zu entnehmen, um sie im Körper mit Hilfe des Blut- und Lymphsystems zu verteilen.
Abgeflachte Zotten würden, je nachdem, wie stark sie abgeflacht sind, das Feld erheblich verkleinern. Daher kann man sich gut vorstellen, daß eine ausreichende Nahrungsaufnahme nicht mehr möglich ist.
Bei Zöliakie- und Spruekranken sind diese Zotten durch das Essen von glutenhaltigen Speisen abgeflacht. Die Speisen passieren »unverdaut« den Dünndarm. Dem Körper gehen so die lebenswichtigen Mineralien, Vitamine, Spurenelemente, Eiweiß, Fett und Kohlenhydrate verloren. Geschieht dies über einen längeren Zeitraum, treten Mangelerscheinungen auf.

Mangelerscheinungen und häufigste Symptome bei Zöliakie/Sprue

- Untergewicht (selten Normalgewicht)
- aufgeblähter Bauch durch Gasbildung
- extreme Blähungen und Bauchkrämpfe
- dünne Extremitäten (Arme und Beine)
- Durchfall, fettig glänzend, hell, stinkend und vermehrt (Steatorrhö)
- selten Verstopfung oder normaler Stuhl
- Müdigkeit, Nervosität, Depressionen, Mißmut, Weinerlichkeit
- Übelkeit, Erbrechen, Appetitmangel
- Wachstumsstörungen (Gelerntes wird vergessen) bei Kindern und Jugendlichen
- B-Vitamin-Mangelerscheinungen (vor allem B12)
- Blutarmut (Eisenmangelanämie)
- Kribbeln um den Mund und anfallartig krampfende Hände (Tetanie) durch Kalziummangel im Blut (Hypokalzämie)
- Knochenschmerzen
- Knochenschwund (Osteoporose)
- Belastungsschmerzen an den Muskelansätzen der Wirbelsäule, Armen und Beinen (Osteomalazie)
- entzündete, geschwollene Zunge (Glossitis), später an den Zahnabdrücken seitlich an der Zunge zu erkennen
- schlaffe, fahle, teigige Haut
- schlaffe Muskulatur

- Schmelzdefekte an den Zähnen (Karies)
- Neigung zu blauen Flecken (Hämatomneigung)
- Abwehrschwäche mit der Folge häufiger Erkrankungen

Eisenmangelanämie

Zur Eisenmangelanämie kommt es, wenn die Zotten abgeflacht sind und Eisen dort nicht mehr aufgenommen wird.
Anämie bedeutet Blutarmut und führt zu Müdigkeit, Konzentrationsschwäche, Leistungseinschränkung, Kältegefühl, Schlaflosigkeit, Appetitlosigkeit, Zungenbrennen, Blässe, trockener und rissiger Haut, Rissen im Mundwinkel, um nur die wichtigsten Symptome zu nennen.
Solange die Zotten im Dünndarm abgeflacht sind, nützt eine Eiseneinnahme nicht. Meistens reicht die glutenfreie Ernährung mit eisenhaltigen Lebensmitteln aus, um den Mangel bald zu beheben. Sollte ein erheblicher Mangel vorliegen, muß allerdings in den ersten Wochen zusätzlich ein Eisenpräparat eingenommen oder besser gespritzt werden. Hochdosierte Eisenpräparate zum Einnehmen verursachen oft Übelkeit und können vom Darm nicht richtig aufgenommen werden, solange die Zotten nicht vollständig nachgewachsen sind.
Liegt nur ein leichter Mangel vor, kann *Inzelloval* (Apotheke) oder *Basica, Basica Instant* oder *Basica Compact* (Reformhaus und Apotheke) eingenommen werden. Es sind Tabletten mit Eisen und Spurenelementen.

B-Vitamin-Mangelerscheinungen

B-Vitamine werden im Dünndarm aufgenommen und verteilt. Sie kommen in tierischen und pflanzlichen Produkten vor. Die Speicherzeit von B12 im Körper beträgt 1 Jahr. Alle anderen B-Vitamine werden nur etwa 14 Tage gespeichert.
Durch die abgeflachten Zotten kommt es zusätzlich zu den Sprue-Symptomen zu geschwächter Immunabwehr, Rissen in den Mundwinkeln und am After, trockener und schuppiger Haut im Bereich der Ellenbogen und Knie, Kopfschuppen und neurologischen Veränderungen.
Nach der Diagnose und der anschließenden glutenfreien Ernährung ist es sinnvoll, per Injektion kurmäßig alle 2–3 Tage ein Vitamin-B-Komplex-Präparat zu spritzen. Nach einer 4- bis 8wöchigen Kur genügt es, einige weitere Wochen den Vitamin-B-Komplex als Tabletten einzunehmen.

Nur bei gleichzeitiger veganer Ernährung (ohne jegliches vom Tier) müssen die Tabletten lebenslang eingenommen werden. Ist die Ernährung vollwertig (inklusive Nüsse, Fleisch und Milchprodukte), sollte einmal jährlich eine »Vitamin-B-Komplex-Kur« gemacht werden, da es fast nicht möglich ist, mit zuviel Vitaminen Schaden anzurichten.
Preiswert, gluten- und laktosefrei ist der *9-Vitamine-Komplex ratiopharm©*.

Unterschied Sprue und Zöliakie

Wird die Erkrankung im Kindesalter erkannt, heißt sie *Zöliakie*. Wird sie rechtzeitig festgestellt und die Diät streng eingehalten, bleiben keine Folgeschäden. Kleinkinder gewöhnen sich schnell an die glutenfreie Ernährung. Wurde sie sehr früh diagnostiziert, kennen sie den Geschmack von »normalen« Lebensmittel nicht und haben keine »Entbehrungen«. Schwierig wird es erst, wenn die Kinder schon etwas älter sind.
Wird die Diagnose im Erwachsenenalter gestellt, heißt die Erkrankung *Sprue*.
Erwachsene haben oft einen sehr langen Leidensweg hinter sich, bis die richtige Diagnose gestellt wird. Durch den ständigen Durchfall und die Tatsache, daß der Dünndarm über lange Zeit fast nichts mehr richtig verdaut hat, kommt es zu erheblichen Mangelerscheinungen, die Langzeitschäden anrichten.
Da viele Folgeerkrankungen aufgetreten sind, wird die Erkrankung Sprue (gesprochen: Spru) genannt. In medizinischen Fachbüchern wird von der »einheimischen Sprue« gesprochen, da es noch die »tropische Sprue« gibt, die allerdings in unseren Breitengraden nicht vorkommt.
In den meisten Ländern der Erde wird die Unterscheidung Zöliakie/Sprue nicht gemacht.

Diagnose bei Zöliakie und Sprue

Vor allem bei Erwachsenen wird die Diagnose durch unterschiedliche Begleiterscheinungen erschwert. Oft dauert es Jahre bis zur richtigen Diagnose.
Für eine gesicherte Diagnose ist eine Dünndarmbiopsie unumgänglich. Diese Biopsie muß durchgeführt werden, *bevor* eine glutenfreie Diät verordnet wird.

Diese Untersuchung ist unangenehm, aber nicht gefährlich. Leichte Beruhigungsmittel und ein Betäubungsspray für den Hals machen die Untersuchung, bei der ein Schlauch durch den Mund in den Magen und den oberen Dünndarmbereich eingeführt wird, erträglicher. Durch diesen geschluckten Schlauch wird eine »Zange« geschoben, mit der an mehreren Stellen kleine Gewebeproben entnommen werden. Diese werden später unter dem Mikroskop untersucht. Das »Abkneifen« der Proben zwickt etwas, schmerzt aber nicht. Ist der Schlauch wieder draußen, bleiben nur leichte »Halsschmerzen« übrig. Sie verschwinden nach kurzer Zeit.
Die Diagnose ist gesichert, wenn die Zotten verschwunden oder flach sind. Sind sie stark abgeflacht, kann dies sogar schon bei der Untersuchung gesehen werden.
Eine weitere, aber ungenaue Untersuchungsform ist die Gliadin-Antikörper-Bestimmung im Blut. Ein negativer Antikörpertest schließt bei Kindern eine Zöliakie fast aus, ein positiver muß aber nicht unbedingt auf eine Zöliakie hinweisen.
Ein mit dem Gen HLA (B8, B7, DR3) verbundenes Vererbungsmerkmal trägt zur Entstehung von Zöliakie/Sprue bei.
Bei Röntgen- und Ultraschalluntersuchungen ist die Zottenabflachung nicht zu erkennen.

Wer kann erkranken?

Zöliakie/Sprue wird seit vielen hundert Jahren beschrieben. Die Ursache war allerdings bis 1950 unbekannt. Dem holländischen Kinderarzt W. K. Dicke haben wir die Erkenntnis zu verdanken, daß die Zotten durch glutenfreie Diät wieder nachwachsen.
An der genauen Ursache wird ständig geforscht. Nach dem derzeitigen Kenntnisstand, wird diese Erkrankung vererbt, wobei, da die Erkrankung nicht sehr häufig ist, noch weitere bisher unbekannte Faktoren dazukommen müssen. Ansteckend ist sie auf keinen Fall.

Die gelegentliche Sünde

In der ersten Zeit der glutenfreien Diät hat man oft große Probleme mit dem Verzicht auf einige Lieblingsgerichte und -getränke. Vielen fällt vor allem der Verzicht auf Bier und Brötchen schwer. Je häufiger man sündigt, desto schwerer wird das Einhalten der Diät.

Nach einiger Zeit Verzicht hat man den Geschmack vergessen und Ersatz gefunden. Außerdem wird es im Familien- und Freundeskreis normal. Niemand spricht mehr darüber. Alle kennen und respektieren es.
Erfahrungsgemäß dauert es 2 Jahre, bis das »neue Leben« normaler Alltag ist. Wichtig ist, daß man sich immer daran erinnert, wie krank man war. Bedenken Sie, daß die glutenfreie Ernährung eine gesunde und nebenwirkungsfreie Therapie ist.

Gefahren, wenn man trotzdem Gluten ißt

Oft wird ohne Absicht gesündigt. Dies birgt große, meist unterschätzte Gefahren in sich. Die meisten Fehler passieren bei dem Verzehr von Wurstwaren.
Wer sehr empfindlich reagiert, muß auf weizenstärkehaltige, als glutenfrei deklarierte Lebensmittel verzichten. Die sehr empfindlichen Zotten werden schon durch geringe Mengen Gluten gereizt und abgeflacht. Oft geschieht dies, ohne daß zunächst deutliche Krankheitssymptome erscheinen. Manchmal sind Symptome vorhanden, werden aber nicht der Zöliakie zugeordnet. Die größte Gefahr dabei ist, daß sich im Dünndarm Krebs entwickeln kann. Es dauert Jahre, bis es dazu kommt, aber diese Gefahr muß ernstgenommen werden.

Laktoseintoleranz (Milchzuckerunverträglichkeit)

Tritt trotz strenger Einhaltung der Diät noch keine wesentliche Besserung ein, sollte außer an Diätfehler auch an eine eventuell zusätzlich bestehende Laktoseintoleranz gedacht werden. Sie läßt sich durch einen einfachen ärztlichen Test feststellen. Hierzu wird Laktose in konzentrierter Form getrunken und in kurzen Abständen das Blut oder der Atem untersucht.
Diese Laktoseintoleranz muß nicht lebenslang bestehen. Sobald der Darm – dank der gluten- und laktosefreien Diät – wieder gesunde Zotten hat, kann in vielen Fällen Laktose wieder vertragen werden. Nach einigen Monaten strenger Diät sollte mit der vorsichtigen Gabe kleiner Mengen laktosearmer Milchprodukte, wie z. B. Sahne oder besser Hartkäse, begonnen werden.
Bitte dabei genau auf das körperliche Befinden achten. Gibt es keine erneuten Beschwerden, können die Portionsgrößen langsam gesteigert werden. Da erst wieder das zur Milchverdauung notwendige Enzym Laktase gebildet werden muß, wird es eine Weile dauern, bis alle Milchprodukte wieder ver-

tragen werden. Wie lange das dauert und wieviel vertragen wird, ist bei jedem Mensch verschieden. Leider kann es auch passieren, daß sich keine Laktase mehr bildet. Es muß dann lebenslang auf Laktose verzichtet werden. Rezepte und Ratschläge zur laktose- und glutenfreien Diät finden Sie in meinem Buch *Milchfrei leben – glutenfrei leben* (Dr. Werner Jopp Verlag, Wiesbaden).

Assoziierte Erkrankungen

- Chronisch entzündliche Darmerkrankungen.
- *Zystinurie:* Nierensteine und Blasenentzündungen verursacht durch Zystinausscheidung im Urin.
- *zystische Fibrose:* gutartige Bindegewebsgeschwülste in der Blase.
- *Dermatitis herpetiformis* (Morbus Duhring): in Schüben auftretende Hautkrankheit mit juckenden Quaddeln, Knötchen und Bläschen, die kreisförmige Herde bilden.
- *Diabetes mellitus, insulinpflichtig:* Zuckerkrankheit, bei der Insulin zugeführt und Diät gelebt werden muß, da die Blutzuckerwerte im Körper sonst zu hoch sind.
- *Dünndarmtumor:* meist gutartige oder selten bösartige Geschwülste im Dünndarm.
- *Hartnup-Krankheit:* Transportstörung für Aminosäuren in Darm und Niere. Es kommt zu Hauterscheinungen, Lichtempfindlichkeit der Haut und Kopfschmerzattacken.
- *Immunglobulin-A-Mangel* (IgA-Mangel): Immunglobuline A haften unter anderem in Darm an Drüsen und schützen den Organismus vor dem Eindringen von Mikroorganismen.
- *Lymphome, maligne:* bösartiger Krebs mit Lymphknotenbeteiligung. Vor allem bei Nichteinhaltung der Diät kann es nach Jahren zu dieser Erkrankung kommen.
- *Milzhypoplasie und -atrophie:* unterentwickelte, verkleinerte oder fehlende Milz bei Kleinkindern. Die Milz trägt zur Blutbildung bei und hat immunologische Abwehrfunktionen, indem sie Immunglobuline bildet.
- *Morbus Down:* Mongolismus oder auch mongoloider Schwachsinn genannt, ist eine angeborene Erkrankung, bei der statt 46 Gesamtchromosomen 47 vorhanden sind.
- *Sarkoidose* (Morbus Boeck/Sjögren-Syndrom): gutartige, knotige Wucherungen meist in der Lunge, wobei auch andere Organe betroffen sein können.

Therapieversagen

Sollte die glutenfreie Diät nicht eine wesentliche Verbesserung der Beschwerden, z. B. Durchfall und Gewichtsabnahme, nach wenigen Wochen herbeiführen, muß an folgendes gedacht werden:

- Liegen *Diätfehler* noch vor: Wurst? Geschmacksverstärker? Aromen? Um nur ein paar häufige Fehler zu nennen.
- *Laktoseintoleranz?* Milchzuckerunverträglichkeit durch Mangel des Enzyms Laktase.
- *Unverträglichkeit* von Soja, Ei, Hähnchen, Thunfisch oder anderen Lebensmitteln?
- *Minderfunktion der Bauchspeicheldrüse* (exokrine Pankreasinsuffizienz): Symptome: Fettstühle, Gewichtsverlust und Schwäche.
- *Kollagene Sprue:* Trotz strenger Einhaltung der glutenfreien Diät kein Nachwachsen der Zotten im Dünndarm.
- Komplikationen verschiedener Art.

Verstopfung

Sobald man die glutenfreie Diät einhält, kann es zu Verstopfung kommen. Hier sollte auf keinen Fall gleich zu Medikamenten gegriffen werden.
Normal ist ein geformter Stuhlgang 3mal täglich bis alle 3 Tage. Dem Stuhldrang möglichst schnell nachgeben, denn langes Zurückhalten des Stuhls führt zu Verstopfung.
Hier ein paar Vorschläge für die natürliche Therapie:

- Ballaststoffreich ernähren.
- Trinkmenge erhöhen (Wasser).
- Apfelpektin zum Eindicken von Soßen verwenden (Apfelpektin ist ein reiner Ballaststoff).
- Äpfel, Birnen usw. nur mit Schale und möglichst auch mit Kerngehäuse (ohne Kerne) essen. (Direkt unter der Schale und am Kerngehäuse befindet sich das meiste Pektin.)
- Leinsaat (ganze Samen) im Müsli oder Brot essen.
- 1–2 EL Leinsaat mit viel Wasser einnehmen.
- Getrocknete Pflaumen essen oder Pflaumensaft trinken.
- Getrocknete Feigen essen.
- Morgens vor dem Frühstück einen Espresso (mit Milch) trinken.
- Milchprodukte fördern die Verdauung.
- Faulbaumtee (Rhamnus frangula) oder Sennatee (Folia Sennae) trinken.

- Zum Beispiel Mucofalk Granulat oder Agiocur nach Gebrauchsanweisung einnehmen.
- Vor die Toilette einen kleinen Hocker stellen (oder einen Zeitungsstapel) und die Füße daraufstellen.
- 1–2 Sitzbäder täglich je 20 Minuten mit ansteigender Wassertemperatur
- 1- bis 2mal täglich eine mit einem feuchten Handtuch umwickelte warme Wärmflasche auf die linke Bauchdecke legen.
- Mehr Bewegung.
- Den Bauch mehrfach einziehen, als wolle man den Bauchnabel gegen die Wirbelsäule drücken. Eventuell dabei hinlegen.
- Mit der Hand den Bauch kreisförmig in Uhrzeigerrichtung massieren. Ein paar Tropfen Massage- oder Speiseöl erleichtern die Massage.

Langandauernde Verstopfung muß natürlich von einem Therapeuten untersucht werden.

Allergie

Wird ein Getreide nicht vertragen, weil eine Allergie besteht, ist es in den meisten Fällen der Weizen. Da Dinkel und Grünkern ebenfalls zur Familie der Weizengetreide gehören, werden auch diese beiden manchmal nicht vertragen. Ob eine Allergie auf andere Getreidesorten besteht, muß – wie unten beschrieben – geklärt werden.
Hierbei möchte ich noch einmal betonen, daß Zöliakie *keine* Allergie ist.

Diagnosen bei Allergien

Diagnostiziert wird eine Allergie von Allergologen (die oft gleichzeitig Hautärzte sind) vor allem mit Hilfe des *Pricktests.* Dabei werden kleine Tropfen vermeintlicher Allergene an verschiedenen Stellen auf die Haut der Innenseite des Unterarms oder auf den Rücken getropft und die Haut unter dieser Flüssigkeit angeritzt. Nach wenigen Minuten werden die Tropfen entfernt. Besteht eine Allergie, ist die entsprechende Stelle gerötet und juckt.
Eine weitere Möglichkeit ist der *Pflastertest.* Die Pflaster werden mit dem vermeintlichen Allergen auf die Haut geklebt. Sie verbleiben dort einige Stunden. Die Allergene lösen Hautreaktionen aus.
Bei einem *Bluttest* kann festgestellt werden, ob grundsätzlich Allergien bestehen.
Leider sind alle 3 Diagnoseformen nicht hundertprozentig zuverlässig.

Die beste Möglichkeit, relativ sicher eine Lebensmittelallergie selbst festzustellen, ist, das verdächtige Lebensmittel auf der Innenseite der Lippen zu reiben. Besteht eine Allergie, gibt es eine Reaktion an dieser Stelle. Passiert nichts, mit dem Lebensmittel auf der Zungenspitze reiben und ebenfalls die Reaktion abwarten. Passiert auch dort nichts, besteht wahrscheinlich keine Allergie.
Sicher ist nur der stationäre, in entsprechenden Kliniken durchgeführte Test, bei dem es zunächst nur Wasser und Reis zu essen gibt. Ist der Körper frei von allergischen Reaktionen, werden einzelne Nahrungsmittel gegessen und die Reaktion abgewartet.
In den meisten Fällen ist eine solche klinische Diagnoseform nicht notwendig. Denn schon, wenn man ein Nahrungsmittel als Allergen in Verdacht hat, kann man einen Selbsttest durchführen, indem man ein paar Tage vollständig auf alle Lebensmittel mit diesem vermeintlichen Allergen verzichtet. Eine Besserung der Beschwerden setzt bald – und zum Teil sogar sofort – ein.

Achtung: Nur bei Getreideallergien:

Ist die allergische Reaktion nur sehr gering, sollte überlegt werden, ob ein Verzicht auf glutenhaltige Wurstwaren und Medikamente notwendig ist. Sprechen Sie darüber mit Ihrem Allergologen oder Ihrer Allergologin.

Lebensmittelkunde

Was ist Gluten?

Gluten (gesprochen: Glutén) ist ein Klebereiweiß und Bestandteil von Weizen, Roggen, Hafer, Gerste, Dinkel und Grünkern.
Genauer gesagt: Die Proteine (Eiweiß) der oben genannten Getreidearten können in wasserlösliche und -unlösliche eingeteilt werden. Die wichtigsten sind die unlöslichen Proteine, genannt Gluten, was wiederum in *Glutenine* und *Prolamine* eingeteilt wird. Schädlich für Zöliakie-/Spruekranke sind die Prolamine: Gliadine, Hordeine, Avenine. Das Prolamin des Weizens und Roggens wird *Gliadin* genannt. Bei Hafer ist es *Avenin* und bei Gerste *Hordein*. Um zu vereinfachen, wird nur von Gluten gesprochen.
Gluten eignet sich hervorragend als Emulgator, Stabilisator und Kleber. Es ist bei der Weizenstärkeherstellung ein »Abfallprodukt«. Weizenstärke wird in großer Menge benötigt, so daß Gluten preiswert ist.
Da Gluten schon in geringer Menge große Wirkung hat, wird es gerne verwendet, muß aber nicht deklariert werden.
Wie versteckt Gluten enthalten sein kann, sei hier an dem Beispiel Joghurt dargestellt: Emulgatoren verbinden Flüssigkeit und Fett. Ohne Emulgator trennt sich die Flüssigkeit von der Joghurtmasse. Das bedeutet, daß sich nach einigen Tagen die Flüssigkeit des Joghurt oben absetzt. Soll das nicht geschehen, muß ein Emulgator zugesetzt werden.
Da es noch andere Emulgatoren gibt, müssen deshalb aber nicht automatisch alle Joghurtsorten Gluten enthalten. Dasselbe gilt für Geschmacksverstärker, Aromen und Medikamente, denn diese enthalten teilweise ebenfalls Gluten.
Viele Lebensmittel, z. B. Wurst, Magerkäse, Fertiggerichte und Konserven, enthalten Gluten in geringen Mengen als Bestandteil eines Zusatzstoffs, ohne daß dafür eine Deklarationspflicht besteht. Gluten bindet auch hier Fett und Flüssigkeit oder ist einfach nur Träger.

Deklarationspflicht

Im § 6 Absatz 2 Nummer 6b der Lebensmittel-Kennzeichnungs-Verordnung (LMKV) steht:
»Bei zusammengesetzten Zutaten, die mehrere Bestandteile enthalten, müssen diese nicht einzeln angegeben werden, wenn der Anteil der zusammengesetzten Zutat weniger als 25 % des Enderzeugnisses beträgt.«
Auch hier gibt es wieder Ausnahmen: Bei Schokolade z. B. gibt es eine Gemeinschaftsregelung, die besagt, daß keine Zutaten angegeben werden müssen.

Volldeklaration

Die Hersteller, die auf der Verpackung eine Volldeklaration angeben, garantieren, daß sie alle Inhaltsstoffe angeben. Eine Volldeklaration ist leider keine Pflicht.

> Leider heißt das aber nicht, daß die Geräte zur Herstellung dieser Lebensmittel vorher sorgfältig gereinigt wurden. Nur wenn gleichzeitig glutenfrei auf der Verpackung steht, ist das auch garantiert der Fall.

Weizenstärke

Bei der Gewinnung von Weizenstärke wird unterschieden zwischen Primar- und Sekundarstärke. Die Primarstärke enthält 0,5 % und die Sekundarstärke bis zu 5,0 % Resteiweiß (Gluten).
Weizenstärke ist also nicht 100%ig glutenfrei, auch wenn sie als solche deklariert wird. Die Weizenstärke wird ausgewaschen und enthält danach nur noch einen sehr geringen Anteil Gliadin (Gluten des Weizens).
Der Grenzwert für die glutenfreien Lebensmittel schwankt in jedem Land. Ein Richtwert ist 1 mg Gliadin pro 100 g Weizenstärke. Diese Werte schwanken aber von Zeit zu Zeit, da immer noch über einheitliche Werte in Europa verhandelt wird. In der Liste der glutenfreien Lebensmittel der Selbsthilfeorganisationen sind die weizenstärkehaltigen Produkte als solche gekennzeichnet.
Wegen der späteren Krebsgefahr sollte man vor dem Verzehr weizenstärkehaltiger Lebensmittel darüber nachdenken, ob man ein Risiko eingehen möchte. Ich persönlich lehne Weizenstärke vollständig ab.

Einkaufsführer

Von Natur aus glutenfreie Lebensmittel

Glutenfrei sind alle zusatzfreien Lebensmittel, z. B.:
Früchte, Obst, Meeresgemüse, Gemüse (inklusive Kartoffeln), Tierisches, wie Eier, Fleisch, Fisch, Schalentiere, Meeresfrüchte, sowie Nüsse, Kerne, Milch, Saft, Wasser, Wein, Essig, Öl und Trockenfrüchte.

Glutenfreie »Getreide« und Getreideersatz

Sofern keine durch Abfüllung dazugekommenen glutenhaltigen Körner in den nachfolgend genannten »Getreidesorten« sind, dürfen diese gegessen werden, da sie glutenfrei sind.
Beim Einfüllen in die Getreidemühle oder vor dem Kochen die Körner genau anschauen. Fremdkörner sind gut zu erkennen.

- *Amaranth:* wächst in den Anden (Südamerika), schmeckt nussig und kann gemahlen als Mehl oder gepufft als Müsli verwendet werden. Vor dem Mahlen mit anderem »Getreide« mischen, denn es läßt sich von beinahe keiner Mühle pur mahlen.
- *Buchweizen:* Achtung! Da auf dem Acker vorher evtl. glutenhaltiges Getreide angebaut wurde, gibt es hier manchmal Fremdkörner. Buchweizen wächst auch in der Lüneburger Heide und in Thüringen.
- *Hanfsaat:* Seit 1996 darf Hanf in Deutschland angebaut werden und ist im Handel erhältlich. Er läßt sich zusammen mit anderem Getreide mahlen. Ganze Körner im Teig geben dem Brot »Biß«.
- *Hirse:* kommt aus Afrika und stellt dort eines der Hauptnahrungsmittel dar. Sie läßt sich zu Mehl mahlen und ist für Brot geeignet. Gekochte Hirse ist als Beilage beliebt. Da Hirse fettig ist und dieses Fett ranzig werden kann, sollte sie vor dem Verarbeiten gewaschen werden. Natürlich muß sie vor dem Mahlen auf einem Handtuch getrocknet werden, damit die Mühle nicht verklebt.
- *Kartoffelmehl:* ist zum Soßenbinden und als Backmehl geeignet. Brot oder Kuchen aus reinem Kartoffelmehl ist allerdings nicht zu empfehlen.
- *Kastanienmehl:* kommt aus Südeuropa und ist bedauerlicherweise recht teuer. Eine kleine Menge im Kuchen beeinflußt den Geschmack schon erheblich.
- *Mais:* wächst beinahe überall auf der Welt. In vielen Ländern spielt er

eine wichtige Rolle als Hauptnahrungsmittel. Zum Mahlen oder Schroten ist Popcornmais nicht geeignet. Die etwas schrumpeligeren Körner lassen sich schroten (für Polenta und Brei) oder mahlen (für Mehl). Nur große Getreidemühlen sind in der Lage, Mais zu mahlen.

- *Maisstärke:* ist nur ein Teil des Maiskorns und somit nicht sehr wertvoll in bezug auf Mineralien und Vitamine. Sie ist geeignet als Mehlbestandteil oder zum Eindicken von Soßen oder Kochen von Pudding.
- *Nußmehl, teilentölt:* eine echte Delikatesse sind Haselnuß-, Walnuß- und Erdnußmehl. Nußöl fällt an bei der Ölpressung und wird von der Ölmühle Solling (siehe Anhang) hergestellt. Ein paar Eßlöffel davon im Brot oder Kuchen ergeben einen delikaten Nußgeschmack.
- *Quinoa:* wächst in Südamerika in den Anden. Es ist vitamin- und mineralienreich und bestens als Mehlanteil geeignet. Die meisten Getreidemühlen mahlen es allerdings nicht pur. Das feine nussige Aroma macht es gekocht zu einer delikaten Beilage.
- *Reis:* wächst vor allem in Asien. Es gibt viele verschiedene Sorten und Qualitäten; es lohnt sich, einige davon zu testen. Gemahlen ist Reis hervorragend als Mehl für viele Backwaren geeignet. Mehr dazu im Extrakapitel Reis.
- *Sago* oder auch *Perlsago* genannt kann aus Weizen hergestellt sein. Wird es aus der Sago- oder Brennpalme gewonnen, ist es glutenfrei.
- *Soja:* kommt vor allem aus Asien und den USA. Im Naturkostladen und Reformhaus angebotene Produkte aus Soja sind *nicht* genmanipuliert und können bedenkenlos verwendet werden. Für Mehl werden die gelben Bohnen und für Glasnudeln und Keimlinge die grünen Bohnen verwendet. Pur lassen sich die Bohnen nicht in der Getreidemühle mahlen.
- *Tapioka* oder auch *Manioka* genannt wird aus der Wurzel des Maniokbaums gewonnen und ist glutenfrei. Durch seine stark bindende Eigenschaft ist es für Grütze geeignet. In den USA gibt es Tapiokamehl; in Verbindung mit Reismehl ist es backfähig.

Lebensmittel mit Gluten

- Backwaren, sofern nicht als glutenfrei gekennzeichnet.
- Bier (Ein Rezept von glutenfreiem Bier zum Selberbrauen finden Sie unter anderen auf: www.hobbybrauer.de. Informationen hierzu ebenfalls unter: www.zoeliakie.ch/archiv/a0002.html.)
- Dinkel
- Einkorn

- fermentiertes Getreide
- Gerste
- Getreidekaffee
- Grünkern
- Hafer*
- Kamut (ägyptisches, weizenähnliches Urgetreide)
- Kwaß (ein fermentiertes Brotgetränk)
- Malzbonbons und Malzsirup
- Malz (wird aus Gerste gewonnen)
- Paniermehl
- Ponzu-Soße (japanisches Dressing für Nudeln)
- Roggen
- Seitan (wird aus Weizen hergestellt)
- Shoyu (Sojasoße mit Weizen)
- Soba (Nudeln) gibt es mit und ohne Weizen.
- Udon, Jomogi Soba, Yinenjo Soba und Somen (jap. Weizenspaghetti)
- Weizen, Weizenstärke
- Wildreis
- Zenryu Fu (Weizeneiweißküchlein)

Weizenstärke hat nur einen so geringen Glutenanteil, daß es als glutenfrei bezeichnet werden darf. Da es aber nicht 100%ig frei von Gluten ist, lehne ich Weizenstärke ab. Wer sehr empfindlich reagiert schadet seinem Darm mit diesem kleinen Anteil.

Lebensmittel, die Gluten als Zusatz enthalten können

Teilweise – oft versteckt – können diese Lebensmittel Gluten enthalten:

- alle Lebensmittel, die nicht mehr in ihrer Urform sind
- Aromen
- ayurvedischer Tee (enthält zum Teil Gerste)
- Backpulver
- Backwaren (zum Teil mit Weizenstärke)
- Bindemittel
- Brotaufstriche (steht auf der Verpackung)
- Emulgator
- Essig (z. B. aus Weizen oder Roggen; steht aber auf der Flasche)

* In England wird Hafer als glutenfrei deklariert. Hier in Deutschland wird es noch geprüft. Bis das endgültige Ergebnis vorliegt, muß allerdings vollständig auf Hafer verzichtet werden. In den entsprechenden Fachzeitschriften werden Artikel erscheinen, sobald ein Ergebnis vorliegt.

- Fertiggerichte
- Geschmacksverstärker
- Gewürzmischungen
- Kaugummis
- Kleber
- Magerkäse
- Mayonnaise
- Puddingpulver
- Salatdressing
- Senf
- Stabilisatoren
- Stärke außer wenn ausdrücklich Mais- oder Kartoffelstärke genannt wird.
- Suppen
- Süßigkeiten jeder Art
- Süßstoffe
- Verdickungsmittel, da es Weizenstärke sein kann
- Wurstwaren (auch Schinken)

> Eine Liste der glutenfreien Lebensmittel gibt es für Mitglieder bei den auf Seite 169 genannten Selbsthilfegruppen.

Zusätzliche Diäten

Vegetarisch oder vegan leben

Sofern Sie gleichzeitig vegetarisch (kein Fleisch) oder vegan (nichts vom Tier) leben, müssen Sie darauf achten, daß Sie ausreichend Eiweiß (auch Protein genannt) essen. Eiweißmangel führt schlimmstenfalls zum Nachlassen der Kräfte.

Besonders eiweißreich sind Sojaprodukte und das aus der gelben und weißen Lupine hergestellte Lopino. Falls Sie diese beiden Lebensmittel in Ihren Speiseplan mit einbeziehen, ist die notwendige Eiweißzufuhr gesichert.

Einige B-Vitamine kommen nur in Fisch oder Fleisch und Nüssen vor. Ein Leben ohne Fleisch würde bald zu Mangelerscheinungen führen. Daher muß unbedingt regelmäßig ein Vitamine-B-Komplexmittel eingenommen werden. Geeignet ist auch hier 9-Vitamine-Komplex ratiopharm.

Laktoseintoleranz

Besteht gleichzeitig eine Laktoseintoleranz, dürfen zusätzlich keine Milchprodukte verzehrt werden. Oft gibt sich das aber, sobald der Darm vollständig regeneriert ist.
Nach einigen Monaten strenger laktosefreier Diät kann vorsichtig mit Sahneprodukten und Hartkäse begonnen werden. Treten wieder Beschwerden auf, muß weiterhin auf Milchprodukte verzichtet werden. Rezepte und Ratschläge dazu finden Sie in meinem Buch *Milchfrei leben – glutenfrei leben.*

Medikamente und Kosmetik

Gluten ist oft in Medikamenten enthalten

Gluten ist ein gutes Trägermaterial für Medikamente und wird daher sehr häufig als Hilfsstoff beigefügt. Im Beipackzettel und in der Roten Liste wird nicht erwähnt, ob Gluten enthalten ist. Also bitte immer in der Liste der glutenfreien Arzneien der Selbsthilfegruppen nachschauen.

Achtung bei Zöliakie und Sprue:
Glutenhaltige Medikamente sind verboten.

Achtung bei Getreideallegie:
Falls Sie sehr empfindlich reagieren, sollten Sie bei Medikamenten, die als vermeintlich frei von Getreide in der Roten Liste stehen, bei der Herstellerfirma nachfragen. Schneller geht es, wenn Sie Ihre Apotheke bitten, für Sie zu fragen. Apotheken haben heute meist ein Telefaxgerät, mit dem eine Anfrage billiger und schneller ist.

Beipackzettel aufheben

Sie sollten die Beipackzettel aller für Sie erlaubten Medikamente aufbewahren und datieren. Ein kleiner Karteikasten mit einem alphabetischen Register erleichtert später die Suche.
Nehmen Sie dieses Kästchen einfach mit zu jedem Arztbesuch. So müssen Sie nicht jedesmal in Ihrer Liste nachschlagen.
Sofern Sie die Aufstellung glutenfreier Arzneien haben, sollten Sie diese immer in Ihrer Handtasche haben. So können Sie jederzeit nachschauen. Denn alles, was Sie einnehmen, *muß* glutenfrei sein.

Lippenstifte

Auch Lippenstifte können Gluten enthalten. In der Aufstellung glutenfreier Arzneimittel der DZG sind Hersteller glutenfreier Lippenstifte aufgeführt.

Zu Ihrer Sicherheit

SOS-Kapsel

Sofern Sie schon auf geringe Mengen Gluten und gegebenenfalls Laktose reagieren, sollten Sie stets eine SOS-Kapsel an einer Kette um den Hals tragen. Rettungspersonal sucht danach und kann so gleich die Klinik informieren.
Erhältlich sind SOS-Kapseln in Apotheken (Fa. Hahn & Hahn GmbH, Waiblingen). In diese kleine Silberkapsel stecken Sie ein Zettelchen mit den notwendigen Informationen. Schreiben Sie außer Ihrer Adresse, die Adresse Ihres Hausarztes oder Ihrer Hausärztin und – sofern bekannt – Ihre Blutgruppe dazu.

Notfallausweis

Fragen Sie Ihren Arzt oder Ihre Ärztin nach diesem kleinen gelben Ausweis (Fa. Schlütersche, Hannover). Er wird mit einem Paßbild versehen und kann alle nötigen Informationen über Sie enthalten. Er ist so klein, daß er in jede Ausweismappe paßt.

Der Zöliakie-/Sprueausweis

Bei der DZG können Sie gegen eine kleine Gebühr als Mitglied einen Ausweis bekommen, der Sie als an Zöliakie/Sprue erkrankte Person ausweist. Er hat die Größe eines Reisepasses.

Das finanzielle Problem

Glutenfrei leben ist teurer

Es ist etwa 15 % teurer, sich glutenfrei zu ernähren. Genau läßt sich das nur sehr schwer errechnen. Ich glaube vor allem dann, wenn man nur von den angebotenen Fertigprodukten lebt. Eine Möglichkeit, auf Dauer preiswerter zu leben, gibt es natürlich.
Denken Sie deshalb über die Anschaffung einer guten Getreidemühle mit einem Steinmahlwerk nach. Ein Brotbackautomat erleichtert die Arbeit, ist aber nicht ganz so wichtig.
Handeln Sie in einem Naturkostladen oder Reformhaus einen guten Preis für 25 kg Vollkornreis (lang) aus. Mahlen Sie diesen Reis je nach Bedarf und nehmen das so gewonnene Mehl als »Haupt«-Mehl für alle Backwaren. Dabei müssen Sie immer beachten, daß 1 % Verdickungsmittel dazugegeben werden muß. Das preiswerteste Verdickungsmittel ist Guarkernmehl (KulturGut Alte Schmiede).
Dem Reis können Sie vor dem Mahlen, nach Belieben und Geldbörse, andere glutenfreie Getreidesorten zufügen. Mais und Hirse sind ebenfalls preiswert, aber nicht so »geschmacksneutral«.

Der Schwerbehindertenausweis

Mit diesem Ausweis lassen sich Steuern sparen. Außerdem gibt es ermäßigten Eintritt bei einigen Veranstaltungen, Museen, Kinos und dergleichen.
Bei Erwachsenen muß genau überlegt werden, ob ein Schwerbehindertenausweis Sinn macht. Wahrscheinlich werden nur wenige Prozente anerkannt, so daß es sich nicht lohnt. Einen Ausweis bekommt man erst ab 50 % Behinderung. Natürlich beinhaltet dieser Ausweis nicht automatisch das Parken auf den Behindertenparkplätzen, denn dafür bedarf es der Gehbehinderung.
Falls Sie noch weitere Erkrankungen haben, sollten sie diese mit angeben. Wenn für Sie ein Behinderungsgrad über 50 % anerkannt wird, haben Sie Anspruch auf Extraurlaubstage, und es besteht ein besonderer Kündigungsschutz. Bei der Suche nach einer neuen Arbeitsstelle kann das unter Umständen aber auch bedeuten, daß Sie vielleicht Schwierigkeiten haben werden, eine Arbeitsstelle zu finden, oder Sie haben Glück und erfüllen die Behindertenquote und werden gerne genommen.

Um einen Behindertenausweis zu erhalten, schreiben Sie an das für Sie zuständige Versorgungsamt und bitten zunächst um das entsprechende Antragsformular. Füllen Sie alle Fragen zu Ihrer Person aus, und gehen Sie damit zu Ihrem Arzt oder Ihrer Ärztin zur weiteren Bearbeitung.
Leider müssen Sie sich in Geduld fassen, denn es kann Wochen dauern, bis Sie den Ausweis erhalten.
Falls Sie mit der Beurteilung des Versorgungsamts über die Höhe der Behinderung nicht einverstanden sind, haben Sie ein Widerspruchsrecht. Sie können dafür anwaltliche Hilfe in Anspruch nehmen.

Das Finanzamt

Der Schwerbehindertenausweis spart – je nach Höhe der anerkannten Prozente – Steuern. Angegeben wird die Behinderung bei dem Lohnsteuerjahresausgleich bzw. der Einkommensteuererklärung. Als Nachweis genügt eine Kopie des Schwerbehindertenausweises.
Manche Finanzämter erkennen sogar Zusatzkosten bei der Beschaffung von Lebensmitteln an. Leider gibt es dafür aber keine einheitliche Regelung.

Die Krankenkasse

Die Krankenkassen erstatten bei Redaktionsschluß leider keine Lebensmittelzusatzkosten, da es sich bei der Diät nicht um Heilmittel handelt. Falls Sie aber an Seminaren über glutenfreie Ernährung teilnehmen, sollten Sie unbedingt Ihre Krankenkasse ansprechen. Einige Krankenkassen ersetzen zumindest einen Teil der Seminargebühren.

Das Sozialamt

Sollten Sie Bezüge beim Sozialamt beziehen, sprechen Sie mit Ihrem Sachbearbeiter oder Ihrer Sachbearbeiterin über einen Zuschuß zu den Lebensmittelkosten oder zu einer Getreidemühle.

Kinder

Das Kind aufklären

Sollte die Zöliakie schon im Säuglingsalter erkannt werden, wird das Kind den Verzicht auf glutenhaltige Nahrungsmittel als ganz normal empfinden. Es muß jedoch dem Alter entsprechend informiert sein, damit es nicht in Ihrer Abwesenheit unwissentlich falsche Sachen ißt.
Für Kinder, bei denen die Diagnose später gestellt wird, ist die Diät nur schwer verständlich und die Umstellung denkbar hart.
Erklären Sie dem Kind die Situation so ausführlich wie möglich. Ihr Kind wird wahrscheinlich mehr verstehen, als Sie zunächst annehmen. Kleineren Kindern helfen kurze Geschichten bei den Erklärungen. Im Michael Neugebauer Verlag ist ein Buch erschienen, das die Verdauung erklärt: *Russelmann, Neues aus dem Bahnhof Bauch.* Es ist kein Buch speziell für Zöliakiekranke, ist aber bestens geeignet, um Kindern das Problem verständlich zu machen. Außerdem ist bei der DZG eine kleine *Zöliakie-Fibel* für Kinder erhältlich.
Sprechen Sie bitte nicht in seiner Anwesenheit ständig über das »arme Kind«. Erklären Sie es Ihren Verwandten und Bekannten, wenn das Kind nicht dabei ist, denn irgendwann möchte Ihr Kind nichts mehr davon hören. In Anwesenheit des Kindes sollte die Diät bald eine ganz normale Angelegenheit sein. Sie können sicher sein, es wird eine normale Angelegenheit werden.
Bei einer Besprechung mit dem Lehrpersonal, die unbedingt stattfinden muß, sollte Ihr Kind dabei sein. Natürlich auch bei einer »Familienkonferenz«, bei der Sie besprechen, wie das »neue Leben« werden wird.

Kinder und Süßigkeiten

Einem Kind, bei dem die Zöliakie nicht gleich im Säuglingsalter diagnostiziert wurde, fällt der Verzicht auf die beliebten Süßigkeiten besonders schwer. Hier muß dringend Ersatz angeboten werden, da sonst das Kind vielleicht heimlich nascht.
Im Küchenschrank muß ein kleiner Vorrat an Riegeln, Keksen oder dergleichen ganz speziell für dieses Kind liegen. Für alle anderen sollte dieser Vorrat absolut tabu sein. So kann das Kind selbst überblicken, was an Vorrat da ist. Außerdem macht ein eigener kleiner Vorrat stolz, vor allem, wenn sonst niemand davon nehmen darf. Das erleichtert dem Kind das Einhalten der Diät.
Geben Sie allen Menschen, die Ihr Kind mit Süßigkeiten beschenken möchten, eine Liste der erlaubten Naschereien. So vermeiden Sie Enttäuschungen.

Der Kindergeburtstag

Bitte vergessen Sie niemals, dem betroffenen Kind bei einem Kindergeburtstag Gebäck mitzugeben. Auch sollten die Eltern des Geburtstagskindes informiert sein.
Hat Ihr Kind Geburtstag, richten Sie die Feier glutenfrei für alle aus. So haben alle die Gelegenheit, zu erkennen, wie lecker das sein kann. Ihr Kind wird sich freuen, denn es darf essen, was alle dürfen.
Vielleicht haben Sie Glück, und eine andere Mutter nimmt sich ein Beispiel. Ich habe schon oft von Müttern gehört, die auf einer Geburtstagsfeier für alle Kinder die Diät des eingeladenen Kindes eingehalten haben.

Im Kindergarten und in der Schule

Fragen Sie im Kindergarten, ob es möglich ist, einen kleinen Vorrat Riegel oder Kekse anzulegen, damit für unvorhergesehene Feiern etwas da ist. Auch in den ersten Klassen der Schule sollten Sie darum bitten. Bitte lassen Sie sich informieren, wenn ein Geburtstag ansteht. Hat Ihr eigenes Kind Geburtstag, geben sie ihm am besten glutenfreie Plätzchen für alle mit. Ihr Kind wird stolz sein.
Die DZG hat eine kleine Broschüre für Betreuungspersonen herausgegeben. Sie kostet eine geringe Gebühr und steht Mitgliedern zur Verfügung.

SOS-Kapsel für Kinder

Sofern Ihr Kind auf glutenhaltige Medikamente reagiert, sollte es unbedingt eine SOS-Kapsel tragen und einen Notfallausweis bei sich führen.

Der Schwerbehindertenausweis für Kinder

Sofern Ihr Kind noch klein ist, sollten Sie unbedingt einen Schwerbehindertenausweis beantragen. Drängen Sie dabei auf den Zusatz »H«. Dies bedeutet, daß Ihr Kind hilflos ist. Sie bekommen dann besondere Steuervergünstigungen, die auch notwendig sind, denn Ihr Kind ist tatsächlich in den ersten Lebensjahren auf Ihre Hilfe angewiesen.
Später, wenn das Kind die Schule abgeschlossen hat, sollte man diesen Ausweis nicht verlängern, denn es könnte bei der Suche nach einer Ausbildungsstelle schwierig werden. Auch sollte Ihr Kind später im Erwachsenenalter selbst entscheiden, ob es einen solchen Ausweis wünscht.
Wahrscheinlich wird Ihr Kind es sowieso nicht mehr als »Behinderung« empfinden, da es sich ein Leben mit Gluten nicht vorstellen kann.
Der Ausweis wird ohnehin nur für wenige Jahre ausgestellt und muß dann per Antrag verlängert werden.
Ein Nachteil des Ausweises kann sein, daß ein Regelkindergarten ein behindertes Kind nicht annimmt, da sie dazu nicht verpflichtet sind.

Der Säugling

Es gibt eine Reihe glutenfreier Säuglingsnahrungsmittel, die als glutenfrei deklariert sind. Schauen Sie auf die Gläser oder Verpackungen. Es ist nicht zu übersehen.
Wenn Sie selbst einen Brei kochen wollen, nehmen Sie Reismehl oder Reisflocken. Hierbei aber bitte auch darauf achten, daß sie glutenfrei sind. (Fa. Werz, Fa. Hammermühle). Ich wäre auch mit Milchprodukten noch vorsichtig. Vor allem darf keine Vorzugsmilch, also Milch direkt vom Bauernhof, verwendet werden. Entwickelt sich das Kind gut, langsam mit kleinen Mengen an milchzuckerarmen (laktosearm) Milchprodukten beginnen. (Sahne).
Glutenfreien Zwieback hat die Firma Werz. Er ist sehr hart, aber Kinder lutschen ihn gerne.

Wenn Sie bereits ein Zöliakiekind in der Familie haben oder jemand anderes erkrankt ist, stellt sich natürlich bei Neugeborenen die Frage: Hat es auch Zöliakie? Was machen?

Hier ein Vorschlag:
Zunächst lassen Sie einen Antikörpertest machen. (Antikörper werden im Körper gebildet und sind ein Abwehrstoff gegen etwas, das vom Körper nicht vertragen wird.) Das Ergebnis ist zwar keine Garantie, aber immerhin ein Hinweis.
Solange der Säugling gestillt wird, fällt eine Zöliakie nicht auf. Also, stillen Sie solange wie möglich. So kann sich das Kind am besten entwickeln.
Der erste Brei sollte auf keinen Fall glutenhaltig sein. So spät wie möglich – also erst im Alter von 2–3 Jahren – mit glutenhaltigen Lebensmittel beginnen und das Kind ganz genau beobachten. Stellen sich die Ihnen bereits bekannten Symptome ein, nicht lange zögern, sondern mit dem Kind sofort zu dem Arzt oder der Ärztin gehen, welche die andere erkrankte Person betreut. Es sollte eine Biopsie gemacht werden, um die Diagnose zu sichern. Schon geringe Zottenschädigungen lassen sich feststellen und weisen dann auf die Zöliakie hin.

Haushaltsgeräte

Die Getreidemühle

Eine Getreidemühle ist eine Anschaffung, die sich lohnt. Sie zu haben bedeutet Unabhängigkeit von Firmen, die glutenfreie Produkte herstellen. Sie sollten aber keine preiswerte kaufen, denn die hält nicht lange durch. Sie ist nicht für den Dauergebrauch gebaut. Ein Qualitätskriterium ist es, wenn Sie Mais in ihr mahlen können. Dies sind in der Regel stabile Mühlen, die für Ihre Zwecke geeignet sind, auch wenn Sie keinen Mais mahlen möchten. Ich möchte hier keine spezielle Firma nennen. Sie können sich aber Informationen über einige Hersteller bestellen bei: Weiling GmbH, Erlenweg 134, D-48653 Coesfeld. Die Firma Weiling beliefert Naturkostläden und kann Ihnen Läden in Ihrer Nähe empfehlen. Sie können sich dann zu Hause genau informieren und eine Mühle in einem der angegebenen Geschäfte oder im KulturGut Alte Schmiede kaufen bzw. bestellen.
Bitte kaufen Sie unbedingt eine glutenfrei eingemahlene Mühle. Die Herstellerfirmen kennen das und bestätigen es auf der Rechnung bzw. dem Lieferschein. Bitte bestehen Sie auf dem Nachweis.
Diese Mühle darf später auch ***niemals*** für glutenhaltiges Getreide verwendet werden. Sie läßt sich nicht ausreichend reinigen.
Sollten Sie das Geld nicht gleich zur Verfügung haben, bitten Sie doch alle, von denen Sie Geschenke zu Weihnachten oder zum Geburtstag bekommen, Ihnen ausnahmsweise Geld für eine Mühle zu schenken. Selbst der Verzicht auf die üblichen Blumen könnte Sie der Mühle ein Stück näher bringen.
Das so selbst gemahlene Mehl ist billiger und gesünder als Fertigmehl. Die Mühle hat sich also schnell amortisiert.

Das Mahlwerk

Steinmahlwerke schonen die Inhaltsstoffe der Getreide am meisten. Ölhaltige Samen lassen sich nicht in einer solchen Mühle mahlen; sie sollten ohnehin ungemahlen verwendet werden, da sie so ein gesunder Ballaststoff sind.
Keramik- und Stahlmahlwerke zerstören wichtige Inhaltsstoffe. Dafür läßt sich die Mühle, auseinander genommen, mit Wasser reinigen, und Ölsamen können in ihr gemahlen werden.

Die Flockenpresse

Alle meine Versuche, ohne großen Wässerungs- und Trocknungsaufwand glutenfreie Getreide zu flocken, sind fehlgeschlagen. Flocken sollten also gekauft werden, allerdings nur die als glutenfrei deklarierten.

Der Brotbackautomat

Manche Firmen nennen ihn auch *Brotbäcker*. Wie auch immer er genannt wird, er ist eine zeitsparende wunderbare Erfindung. Ich möchte ihn nicht mehr missen und kenne eine Menge Menschen, denen es genau so geht. Leider gelingt das erste Brot meistens nicht. Man sollte sich nicht entmutigen lassen. Da jedes Mehl andere Backeigenschaften hat und sich der Automat nicht individuell darauf einstellen kann, gelingen oft sogar die ersten 2–3 Brote nicht.
Die Handhabung ist sehr einfach:
Zuerst die Flüssigkeit einfüllen. Dabei die Menge möglichst genau auswiegen, denn 20–30 ml zuviel oder zu wenig Wasser können den Teig negativ beeinflussen.
Dann die trockenen Zutaten einfüllen, den Deckel schließen und das Gerät starten. Die Temperatur aller Zutaten spielt keine Rolle, da der Automat eine Heizspirale enthält, die sich erwärmt. Das Wasser sollte aus der kalten Leitung kommen.
Der Regler »helle oder dunkle Kruste« regelt die Backtemperatur (160 bis 180 °C) und sollte stets auf dunkel (180 °C) stehen. Die Backzeit sollte immer die längste, meist als »französisch« bezeichnete, sein.
Die Samen, Nüsse und Kerne gleich zu Anfang mit einfüllen und nicht – wie in den meisten Gebrauchsanweisungen – erst später.

Der Teig muß einen Strudel bilden und einem Rührteig ähnlich sein. So fest wie »normaler« Brotteig darf er nicht sein. Öffnen Sie den Automat nach etwa 5 Minuten Rührzeit, und füllen Sie gegebenenfalls Flüssigkeit oder Mehl nach.

Das fertige Brot kann einige Stunden im Backautomat bleiben. Die sich bildende Feuchtigkeit trocknet wieder weg, wenn Sie das Brot – nur mit einem Handtuch bedeckt – ein paar Stunden liegen lassen. Es bekommt so eine gute Kruste und hält sich etwas länger.

Einige Automaten kann man vorprogrammieren. Das bedeutet, daß alle Zutaten für einige Stunden im Automat verbleiben, bevor sich dieser einschaltet. Diese Funktion ist für glutenfreies Brot nicht geeignet. Das Mehl quillt nur teilweise im Wasser auf, und das Brot gelingt nicht.

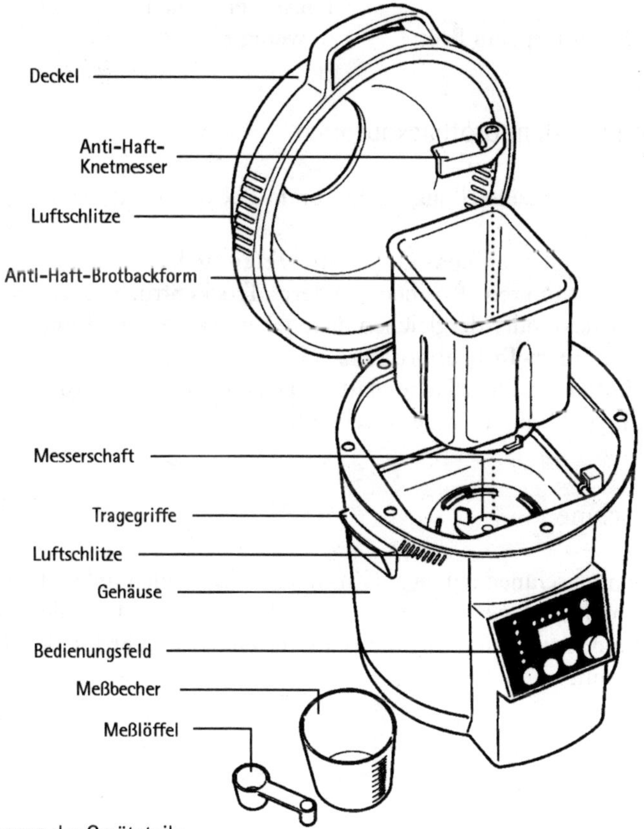

Bezeichnung der Geräteteile

Backfehler (Hefeteig) im Brotbäcker

- Teig läuft (fast) über: zuviel Wasser oder Hefe, zuwenig Salz; zu feines Mehl im Verhältnis zur Hefe; zuviel Zucker.
- Tiefe Kuhle nach dem Backen: Wasser, Zucker oder Hefe zu viel.
- Übergelaufen: zuviel Hefe/zu warmes Wasser eingefüllt.
- Glitschig: zuviel Verdickungsmittel/zuviel Flüssigkeit.
- Nicht aufgegangen und hart: Hefe vergessen/zuwenig Hefe/Hefe zu alt.
- Mehl nach dem Backen in Ecken: nach 5 Minuten Rühren mit einem Teigspatel in die Ecke gehen.
- Mehlreste auf fertigem Brot: zu wenig Flüssigkeit.

Rührkuchen aus dem Brotbackautomat

Geräte mit der Extraeinstellung »Teig« und »Backen« sind für Backpulverkuchen geeignet.
Alle Zutaten einfüllen und das Gerät auf »Teig« stellen.
Nach etwa 8 Minuten Rosinen, andere Trockenfrüchte, Apfelstücke, Schokoladenstücke oder dergleichen dazugeben, weitere 2 Minuten rühren lassen und per Stopp-Taste abbrechen.
Mit einem Löffel die Oberfläche glätten. Den Automat nun auf »Backen« stellen. Nach 50 Minuten ist der Kuchen fertig.

Küchenmaschine

Einige Küchenmaschinen haben als Zusatzgerät Getreidemühlen. Hier sollte auf ein Steinmahlwerk geachtet werden. Je besser die Maschine, desto länger wird sie halten. Auch hier gilt, die preiswerten sind nicht für den Dauergebrauch gebaut.

Die gesunde Ernährung

Vollwertige Ernährung aus meiner Sicht

Ich esse niemals Produkte, deren Inhaltsstoffe mir nicht bekannt sind, bzw. Produkte, die nicht in der Liste der glutenfreien Lebensmittel stehen. Was ich selbst herstellen oder kochen kann, kaufe ich nicht als Fertigprodukt. Bei Produkten mit den Inhaltsstoffen Geschmacksverstärker und Aroma verzichte ich ganz. Fertigprodukte wie Sirup, Marmelade oder vegetarische Brotaufstriche kaufe ich nur im Naturkostladen, sofern sie als glutenfrei deklariert sind oder die Hersteller mir dies bestätigt haben.

Mir passiert es häufiger, daß ich erstaunt angeschaut werde, wenn ich sage, daß ich großen Wert auf Vollkorngetreide lege. Vollkorngetreide heißt nicht, daß das ganze, glutenhaltige Getreidekorn unverändert im Brot zu finden ist. Es bedeutet vielmehr, daß das ganze Korn ungeschält verwendet, also auch gemahlen wurde. Dabei darf es nicht zu fein gemahlen werden.

Ich meine damit, daß ich sehr großen Wert darauf lege, daß der von mir verwendete Reis ein Vollkornreis der langen und somit gesünderen Sorte ist. Ich bevorzuge sogar Reis aus Demeteranbau.

Vollwertige Ernährung heißt aber auch, nur naturbelassene Lebensmittel verwenden. Dies bedeutet für mich nur frisches Obst und Gemüse, möglichst aus kontrolliert biologischem Anbau. Dies erlaubt aber leider nicht jede Geldbörse. Trotzdem sollte man wenigstens stets frische Lebensmittel kaufen. Egal aus welcher Anbaumethode, sie sind auf jeden Fall gesünder als Fertigprodukte.

Viele Fertigprodukte sind die reinsten Chemiebaukästen. Wie sonst ist es möglich, daß eine mit Käse belegte Fertigpizza dafür geeignet ist, im Toaster aufgebacken zu werden. Haben Sie das schon einmal mit einer selbstgebackenen Pizza probiert? Schon der Gedanke daran reicht. Beobachtet man Fernsehwerbung gelegentlich genau, fallen einem vielleicht solche Geschichten auf.

Was muß in Fertigkeksen großer Konzerne enthalten sein, damit jeder Keks dem anderen gleicht? Teig ist etwas Lebendiges. Jede Produktion hat minimale Veränderungen. Das kennen Sie vom Plätzchen-Ausstechen und -Backen. Was muß also enthalten sein, damit alle immer 100 % gleich aussehen? Mir wurde erzählt, daß einige Firmen chemisch veränderte Haare zufügen, um die Größe der Plätzchen konstant zu halten.
Ich möchte betonen, daß ich hier nicht von glutenfreien Produkten schreibe. Mir haben nur solche »Geschichten« sehr geholfen, auf die konventionell hergestellten glutenhaltigen Kekse zu verzichten.
Ich gehe davon aus, daß die Hersteller glutenfreier Produkte nur wertvolle Lebensmittel ohne solche Zusätze verwenden.

Die glutenfreie Ernährung unterwegs

Essen gehen

Im Restaurant bitten Sie zunächst das Bedienungspersonal in Ihre Nähe. So ist eine Verständigung einfacher. Sicher möchten Sie nicht das ganze Lokal unterhalten, denn Sie müssen von Ihrer Diät erzählen. Sagen Sie nicht einfach nur glutenfrei. Das wird kaum jemand verstehen. Machen Sie auf Sojasoße, Bier, Paniermehl und Gewürzmischungen mit Aromen oder Geschmacksverstärker aufmerksam.
Noch einfacher ist es, Sie schreiben sich einen Zettel, auf dem alle verbotenen Lebensmittel aufgelistet sind. Darunter schreiben Sie eine Liste der erlaubten Lebensmittel. Hier ein Muster:

Ich habe Zöliakie und darf folgendes nicht essen:
- Mehl: Roggen, Weizen, Hafer, Gerste, Weizen, Dinkel, Grünkern und alles daraus hergestellte
- Geschmacksverstärker, Aromen
- Weizenstärke
- Sojasoße, Senf, Mayonnaise (bitte fragen Sie mich)
- Bier
  (Schreiben Sie außerdem dazu, was Sie nicht mögen.)

Ich darf essen:
- Kartoffeln, Reis, Mais, Hirse, Buchweizen, Quinoa, Amaranth, Hanf, Sojabohnen und -sprossen
- alle Gemüse, Salate, Früchte und Obst
- alle Getränke außer Bier
- Milchprodukte außer Schimmel- und Magerkäse
- Zucker, Honig, Trockenobst, alle Nüsse und Kerne
- Johannisbrotkernmehl, Guarkernmehl, Mondamin, Pektin, Hefe, Weinsteinbackpulver, Kartoffelmehl
- Essig, Öl, Schmalz, Palmfett, Kokosfett
- Gewürze, außer Fertiggewürze mit Aromen und Geschmacksverstärkern

Bestellen Sie Essen, das normalerweise schon ohne Mehlprodukte zubereitet wird. In den meisten Restaurants ist es kein Problem, etwas extra für Sie zu kochen.
Bestellen Sie den Salat zur Sicherheit mit Essig und Öl.
Ist es eine wichtige, größere Feier oder Tagung, so sollten Sie vorher das Restaurant informieren. Am besten schriftlich, dann ist die Chance, daß es nicht schiefgeht, größer. Informieren Sie auch über die erlaubten Lebensmittel.
Erwarten Sie nicht das super leckere Essen. Gehen Sie nicht des guten Essens wegen in ein Restaurant, sondern um die dazugehörende Atmosphäre zu genießen. Mit dieser Einstellung werden Sie eine schöne Zeit dort verbringen.
Sie können, sofern Brot zum Essen gehört und es ein besseres Lokal ist, Ihr Brot vorher beim Kellner abgeben. Bitten Sie, daß man es Ihnen serviert. Erklären Sie aber, daß es nicht mit einem unsauberen Brotmesser oder Brett in Berührung kommen darf.
Diesen kleinen Trick können Sie auch anwenden, wenn Sie in einem vornehmen Lokal zum Frühstück verabredet sind.
Bei dem Besuch eines Cafés am Nachmittag sollten Sie Gebäck mitnehmen. Erklären Sie, daß Sie kein Mehl essen dürfen, und man wird sicher Verständnis haben.

Die Partyeinladung

Wenn wir auf eine Party eingeladen werden, auf der es ein kaltes Büfett gibt, esse ich vorher zu Hause. Auf der Party freue ich mich dann, wenn etwas Obst oder dergleichen für mich da ist. So entfallen lange Erklärungen. Eine kleine hilfreiche Notlüge ist es, zu sagen, man habe nicht daran gedacht, daß es Essen gibt oder man habe am Nachmittag zuviel Kuchen gegessen. Eine andere Möglichkeit ist natürlich, eigenes Brot mitzunehmen.

Die Einladung zum Essen

Sobald das Problem mit Ihrer Diät im Bekannten- und Verwandtenkreis bekannt wird, werden die Einladungen – aus Unsicherheit seitens der Einladenden – zunächst weniger.
Haben Sie dafür Verständnis, und helfen Sie diesen Menschen, indem Sie Ihre Krankheit erklären. Vor allem ist es wichtig, daß sie die erlaubten

Lebensmittel erfahren. Sind es Menschen, mit denen Sie sehr häufig zusammen sind, geben Sie ihnen eine Liste der erlaubten und von Ihnen gewünschten Lebensmittel.
Sehen Sie die Menschen seltener, nehmen Sie Lebensmittel mit. Dies gilt insbesondere für Kuchen. Für Gastgeber und Gastgeberinnen ist es schrecklich, wenn sie nichts für Sie haben und zusehen müssen, wie Sie vor einem leeren Teller sitzen. Bringen Sie jedoch ein Stück eigenen Kuchen, Kekse oder ein paar Riegel mit, ist die Situation gerettet.
Wenn Sie zu einem warmen Essen eingeladen werden, sollten Sie unbedingt vorher eine Liste mit den erlaubten Lebensmitteln abgeben. Oder fragen Sie, ob man nicht gemeinsam kochen kann. Glutenfreie Lebensmittel, wie z. B. Paniermehl, Nudeln, Sojasoße, Verdickungsmittel und Brot, nehmen Sie nach Absprache mit. Sie können sicher sein, daß alle Ihnen gerne helfen werden und sich an Ihre Diät gewöhnen.

Im Inland für ein paar Tage

Einige Firmen bieten inzwischen glutenfreies haltbares Brot an. Rechnen Sie aus, wieviel Sie benötigen, und nehmen Sie es mit. Ihr selbstgebackenes Brot wird 4–5 Tage halten.
Für das Frühstück sollten Sie etwas Brotaufstrich oder – sofern es die Außentemperaturen zulassen – glutenfreie Wurst mitnehmen. (Haltbare Dosenwurst in kleinen Portionen gibt es im Reformhaus von Fa. Nuxo.) In jedem Hotel gibt es Marmelade, Honig und Käse.
Für die Kaffeezeit nehmen Sie sich ein paar Plätzchen oder Riegel mit. Bitten Sie im Café um Verständnis, daß Sie eigenes Gebäck essen. Erklären Sie die Situation.
Sofern Sie Süßstoff statt Zucker verwenden, sollten Sie immer etwas glutenfreien in der Tasche haben.

Im Inland für ein paar Wochen

Wenn Sie beispielsweise in einer Ferienwohnung Urlaub machen, bietet es sich an, den Brotbackautomat mitzunehmen. Rechnen Sie sich vor der Reise aus, wieviel Brote Sie benötigen. Nehmen Sie die Trockenzutaten portioniert von zu Hause mit. Finden Sie einen Behälter mit einer Markierung für die richtige Wassermenge, und nehmen Sie diesen ebenfalls mit. So haben Sie wenig Arbeit im Urlaub und müssen keine Waage mitnehmen.

Sofern Sie in eine Pension oder ein Hotel fahren, fragen Sie vorher, ob Sie das Gerät in die Küche stellen und Ihr Brot dort backen dürfen.
Sollte Ihnen der Brotbackautomat zu schwer oder groß sein, nehmen Sie ein Waffeleisen mit. Waffeln ohne Zucker eignen sich hervorragend als Brotersatz.
Rechnen Sie pro Frühstück etwa 130 g Mehl. Mischen Sie schon zu Hause die trockenen Zutaten in einem bruchsicheren Behälter oder einem stabilen Beutel. Sie können dann mit einem Eßlöffel die Portionen entnehmen.

Beispiel für eine Mischung

1 kg Reismehl (reicht etwa 8–10 Tage)
10 g Guarkernmehl
2 Päckchen Backpulver
10 g Salz

Probieren Sie es zu Hause aus. Vielleicht ist dies ja in Zukunft der Brötchenersatz für sonntags.

Rezept für 2 Waffeln

4–5 gehäufte EL Reismehl
1 Msp. Guarkernmehl *(sofern nicht schon vorher in Ihrer Mischung)*
¼ TL Backpulver *(sofern nicht schon vorher in Ihrer Mischung)*
etwas Wasser oder Mineralwasser

Alle trockenen Zutaten vermischen und eine kleine Menge Flüssigkeit dazugeben. Rühren und so lange Flüssigkeit ergänzen, bis der Teig geschmeidig ist und kleine Blasen schlägt.
Den Teig im Waffeleisen ausbacken.
Natürlich können Sie diese Waffeln auch mit anderem Mehl backen. Probieren Sie es einfach zu Hause aus.
Fragen Sie die Gastgeber im Urlaubsort, am besten vor der Reise, nach einem Naturkostladen oder Reformhaus. Sie können dann direkt nach Ihrer Ankunft Lebensmittel einkaufen. Vielleicht gibt es dort ein etwas anderes Sortiment, und Sie lernen neue Lebensmittel kennen.

Im Ausland für ein paar Tage

Ist es nur ein kurzer Urlaub, nehmen Sie sich haltbares Brot mit. Fruchtriegel aus dem Naturkostladen oder Reformhaus sind zum Mitnehmen bestens geeignet, da sie nicht schmelzen. In den Ländern, in denen es Brot zum Frühstück gibt, wird immer Marmelade serviert.
Eine Besonderheit gilt für die USA, Kanada und Australien, denn das Mitnehmen frischer Lebensmittel in diese Länder ist nicht erlaubt. Original verpackte Lebensmittel dürfen jedoch mitgenommen werden.
Allerdings gibt es in beiden Ländern eine große Auswahl glutenfreier Lebensmittel. Ich nehme nur für die ersten Tage etwas mit und erfreue mich später an der dortigen Auswahl.

Der Flug

Übergewicht dürfen Sie mitnehmen. Beim Einchecken sollten Sie für alle Fälle eine ärztliche Bescheinigung mit der Information, daß Sie eine Diät einhalten müssen, mitnehmen. Allerdings habe ich sie noch nie benötigt.
Bei Fragebögen, die manchmal im Flugzeug verteilt werden, wird nach Ihrer Gesundheit gefragt. Schreiben Sie nicht Zöliakie hin. Gefragt sind, auch wenn es nicht so dasteht, ansteckende Krankheiten, vor allem Aids. Zöliakie wird man nicht kennen und es für eine ansteckende Infektionskrankheit halten. Sofern Ihr Zettel tatsächlich gelesen wird, gibt es unnötig lange Diskussionen am Zielflughafen.
Bestellen Sie einige Tage vor dem Abflug über das Reisebüro glutenfreies Essen. Es muß auf dem Ticket bestätigt sein. Beinahe alle Fluggesellschaften bieten glutenfreies Essen an. Aber ob es klappt, ist Glückssache.
Dauert der Flug nur 2–3 Stunden, wird es kein Problem sein, ohne Essen auszukommen. Ist die Flugzeit länger, sollten Sie unbedingt eigenes glutenfreies Brot mitnehmen. Für den Rückflug nehme ich immer Trockenfrüchte, vor allem Bananen, und Nüsse mit. Beides hat viele Kalorien, schmeckt gut und wiegt nicht viel.
Wahrscheinlich wird man auch irgend etwas für Sie im Flugzeug auftreiben. In der ersten Klasse gibt es vielleicht Kartoffeln oder Reis, ohne daß viele Stunden vorher Soße darüber gegossen wurde. Fragen Sie danach, auch wenn Sie nicht in der 1. Klasse sitzen. Voraussetzung ist, daß Sie vorher glutenfreies Essen bestellt haben. Klappt es dann nicht, wird es dem Personal peinlich sein, und man wird Ihnen helfen.

Haben Sie kein Diätessen bestellt, wird man Ihnen vorhalten, daß Sie es hätten tun können. Schauen Sie sich das Essen genau an. Backwaren ohne Inhaltsangaben auf der Verpackung würde ich nicht essen.

Im Ausland

In vielen Ländern (z. B. Asien, Afrika, Südamerika, Balkanländer) wird den Lebensmitteln kein verstecktes Gluten zugefügt. Backwaren oder Nudeln sind als solche erkennbar. Zur Sicherheit sollten Sie jedoch einen Zettel in der jeweiligen Landessprache mithaben und ihn im Restaurant abgeben.

Hier ein Beispiel:

> **Ich bin krank und darf folgendes nicht essen:**
> Weizen, Roggen, Hafer, Gerste, Bier, Sojasoße usw.
>
> **Erlaubt:**
> hier notieren Sie die erlaubten Lebensmittel
>
> Danke für Ihre Hilfe

Übersetzen Sie diesen Zettel mit Hilfe eines Wörterbuchs selbst. Grammatische Fehler wird man Ihnen sicher verzeihen oder – wie es mir auch schon passiert ist – korrigieren.
Schreiben Sie zusätzlich die Lebensmittel dazu, die Sie nicht mögen.
Sollten Sie die Schrift nicht lesen können (z. B. arabisch), bitten Sie bei dem entsprechenden Fremdenverkehrsamt (die meisten sind in Frankfurt am Main) oder bei der Botschaft (Bonn oder Berlin) um Übersetzungshilfe.

Hier ein Beispiel für Englisch:

> **I have a very special sickness, called "celiac"**
> **There are certain things I must not eat:**
> flour: wheat, rye, oats, barley, spelt, unripe spelt grain, wheatstarch (bread, noodles,...),
> MSG*, flavor enhances, artificial flavors, gluten, soysauce, beer.

I may however eat the following foodstuffs:
potatoes, corn, rice, quinoa, amaranth, buckwheat, millet, soybeans, chips
all kinds of fruits and vegetables (onions, garlic too)
oil, vinegar, sugar, salt
cornstarch, guar gum, potatostarch, gelatin, arrowroot flour, xanthan gum, tapioka flour
yeast, baking powder (with cornstarch)
milk, cheese
rice dream (rice drink), soy drink, maple syrup
nuts, seeds, dry fruits
fish, beef, chicken, turkey, pork, sheep, eggs
juice, water, tea, coffee, wine

Thank you for helping.

* MSG (Monosodiumglutamat) oder MNG (Mononatriumglutamat) bedeutet Geschmacksverstärker.

Der längere Aufenthalt im Ausland, die Fahrradtour, die Wanderung

Wenn Sie einem längeren Urlaub im fernen Ausland planen oder eine Wander- oder Fahrradtour machen, sollten Sie einen Esbitkocher und eine kleine Teflonpfanne mitnehmen. Sie wiegen nur wenig und benötigen keinen Strom.
Mit etwas Reismehl, Backpulver, Verdickungsmittel und Wasser (Rezept wie oben) können Sie sich ein Fladenbrot selbst backen.
Esbitkocher gibt es bei Reiseausstattern in verschiedenen Ausführungen. Alle sind sehr leicht und werden mit Brennwürfeln (Esbitwürfel) betrieben. Nehmen Sie außerdem eine kleine Kunststoffdose, einen kleinen Löffel zum Teigrühren und einen Spatel zum Wenden des Pfannkuchens mit.
Das Rezept ist dasselbe wie oben für Waffeln.
Da wir oft mehrere Wochen unterwegs sind und das Mehl zu schwer ist, nehmen wir eine kleine Müslimühle mit. Reis gibt es überall auf der Welt. So können wir täglich mein Mehl im Reiseland selbst mahlen. Salz, Backpulver und Verdickungsmittel nehmen wir mit.
Natürlich gehört auch hier der oben beschriebene Zettel mit ins Gebäck.

Einkaufsliste

Gerät	Bezugsquelle	Verwendungszweck
kleine Teflonpfanne	Haushaltswarenladen	zum Braten (und Backen)
Esbitkocher	Reiseausrüster	Herd
kleine Esbitwürfel	Reiseausrüster	Brennmaterial
Streichhölzer		
kleiner Löffel oder Teigschaber	Haushaltswaren	Teig rühren
kleine hohe Dose ohne Deckel	Haushaltswaren	Behälter für den Teig
2 leere Filmdosen oder 2 Minidosen	Fotohandel Haushaltswaren	für Backpulver, Salz und Verdickungsmittel
Holzspatel oder Holzbuttermesser	Haushaltswaren	wenden des Pfannkuchens
Kunststoffteller	Reiseausrüster	für den fertigen Pfannkuchen
Müslimühle	Fa. Schnitzer, Fa. Kornkraft, Fa. Osttiroler	

Reiseausrüster

Firmenname	Telefonnummer	Telefax
Globetrotter Ausrüstung	040/67 96 61 79	040/67 96 61 86
Därr Expeditionsservice	089/28 09 170	089/28 25 25
Tatonka	08205/96 02 0	02805/96 02 30

Stöbern

In vielen Ländern gibt es genau wie hier Läden, in denen Diät- oder Naturkost verkauft wird. Gehen Sie auf Entdeckungsreise, und lassen Sie sich überraschen. Nehmen Sie unbedingt ein Wörterbuch und viel Zeit mit. Sicher werden Sie tolle Sachen entdecken. Gluten heißt in beinahe allen Ländern ähnlich.

Der Einkauf glutenfreier Produkte

Neues Einkaufsverhalten

Die Tatsache, daß Sie nicht überall glutenfreie Lebensmittel bekommen, zwingt Sie zu einem anderen Einkaufsverhalten. Anfangs müssen Sie sich sehr viel mehr Zeit nehmen, denn Sie kennen die für Sie erlaubten Lebensmittel noch nicht.
Fordern Sie von allen Herstellern glutenfreier Lebensmittel die Unterlagen an. Die Adressen finden Sie im Anhang.
Weitere Produkte bekommen Sie im Naturkostladen oder Reformhaus. Leider weiß das Verkaufspersonal auch nicht immer genau Bescheid. Fragen Sie trotzdem, machen Sie gegebenenfalls einen Termin aus, und lassen Sie sich alles zeigen, was für Sie in Frage kommt.
Wenn weder ein Reformhaus noch ein Naturkostladen in Ihrer Nähe ist, nutzen Sie die Naturkostversender im Anhang.
Sofern Sie einen weiten Einkaufsweg haben, sollten Sie sich einen Vorrat Ihrer Lieblingsspeisen kaufen.

Vorsicht bei Getreide

Glutenfreie Getreide nur ungemahlen kaufen. Bitte achten Sie aber genau auf Fremdkörner vor der Verwendung.

> Lassen Sie sich kein Getreide im Laden mahlen. Ihr Mehl ist dann kontaminiert mit glutenhaltigem Getreide. Eine Getreidemühle, in der vorher glutenhaltiges Getreide war, läßt sich nicht ausreichend reinigen. Vorheriges Mahlen von Reis reicht keinesfalls aus.

Der Kauf im Naturkosthandel

Alle Hersteller biologisch kontrollierter (kbA), biologisch dynamischer (demeter) und kontrolliert ökologischer Lebensmittel (köA) verwenden kein Gluten als versteckten Zusatzstoff, keine künstliche Aromen und keinen Geschmacksverstärker.
Finden Sie etwas, ohne daß es in der Aufstellung glutenfreier Lebensmittel steht, wenden Sie sich an den Hersteller direkt, und fragen Sie nach. Vielleicht steht sogar glutenfrei auf der Verpackung.

Der Kauf im Reformhaus

Von *neuform* erscheint jährlich ein kleines Heft, in dem alle glutenfreien Lebensmittel, die es im Reformhaus zu kaufen gibt, aufgeführt sind. Fragen Sie danach, es kostet eine kleine Gebühr und sollte in Ihrer Einkaufstasche liegen. So können Sie jederzeit, wenn Sie in einem Reformhaus sind, nachschauen.

Im Lebensmittelhandel

Eine große Hilfestellung ist die *Aufstellung glutenfreier Lebensmittel* für Mitglieder der Selbsthilfegruppen.
Ohne diese Liste dürfen Sie nicht einkaufen.
Jedes Jahr erscheint eine neue Liste. Bitte schauen Sie nach Änderungen. Beachten Sie auch die Änderungsangaben in den Zeitschriften der Selbsthilfegruppen.

Warenkundliche Hinweise

Für alle nachfolgenden Lebensmittel gilt: Immer in der Liste der glutenfreien Lebensmittel nachschauen!

Alkoholische Getränke

Wein, Sekt und Champagner sind auf jeden Fall glutenfrei; so auch hochprozentige Spirituosen. Dagegen können Liköre Gluten enthalten, da sie oft mit Aromen versetzt werden (Aromen können Gluten enthalten).

Bier

Bei Redaktionsschluß gab es noch kein glutenfreies Bier im Handel (siehe hierzu auch Seite 31 unten).
Auch Maisbier und dergleichen ist (bisher) nicht glutenfrei. Nur wenn es auf dem Etikett als glutenfrei deklariert wird, ist es wirklich glutenfrei.

Gelierzucker

Gelierzucker ist immer glutenfrei; ebenso mit diesem Zucker hergestellte Marmelade und Gelee.

Eiscreme

Eiscreme, egal wo gekauft, kann glutenhaltig sein. Auch hier reicht die Frage nach Gluten in der Eisdiele nicht aus. Im Zweifelsfalle heißt das leider

Verzicht. Auch Wassereis kann Aromastoffe und somit Gluten enthalten. Ich habe mir eine Eismaschine gekauft und verwöhne nicht nur mich, sondern auch unsere Gäste mit köstlichem Eis. Die guten Maschinen enthalten einen Kühlakku, den man in der Kühltruhe aufbewahrt.
Es dauert etwa 20 Minuten, und schon sind 700 ml Eis fertig. Am schnellsten geht es, indem Sie einen sehr guten Saft (z. B. Tropen-Reigen, Fa. Voelkel, Naturkosthandel) in die Eismaschine gießen und 20 Minuten Geduld haben. Am besten schmeckt ein Softeis. Weitere Rezepte ab Seite 155.

Glutenfreies Mehl

Viele Firmen bieten gutenfreies Mehl an. Darin ist meistens schon Verdickungsmittel enthalten. Die Inhalte sind auf der Verpackung angegeben und sollten beachtet werden. Die Rezepte stehen entweder auf der Verpackung oder in Rezeptheften der Firmen.
Grundsätzlich sind alle Mehle für den Brotbackautomat geeignet. Nehmen Sie zunächst eine geringere Flüssigkeitsmenge als angegeben, und beobachten Sie den Rührvorgang. Sicher muß noch Wasser dazu. Wiegen und notieren Sie jede dazugegebene Menge. Später haben Sie die genau benötigte Gesamtmenge.

Glasnudeln

kommen aus China und werden aus grünen Mungbohnen (Mungobohnen) hergestellt. Sie sehen glasig aus, lassen sich ungekocht nur schneiden und sind gekocht glibberig. Gepoppt schmecken sie in Suppe oder als pikante Nascherei.

Reisnudeln

Sie werden aus Wasser und Reis hergestellt und kommen aus Asien. Sie sind weiß und halbdurchsichtig. Doch Vorsicht, viele der »Chinanudeln« sind aus Weizen. Es ist entsprechend auf der Packung deklariert.
Leider gibt es keine Garantie aus China, daß bei der Herstellung nicht doch Reste von Weizen in der Maschine waren. Ich reagiere sehr empfindlich auf Gluten und habe bisher keine schlechte Erfahrung gemacht. Aber eine Garantie ist es nicht.

Inzwischen gibt es aber deutsche Firmen, die garantiert glutenfreie Reisnudeln anbieten.

Glutenfreie Fertigprodukte

Einige Firmen bieten glutenfreie Produkte an. Adressen finden Sie im Anhang. Die meisten dieser Produkte sind mit dem Glutenfrei-Zeichen (einer durchgestrichenen Ähre) gekennzeichnet, oder es steht *glutenfrei* auf der Packung. Firmen, die diese Angaben machen, haben die Produkte entsprechend prüfen lassen.
Für Personen mit Laktoseintoleranz muß beachtet werden, daß einige dieser Produkte Milchpulver enthalten.

Hefe und Backpulver

Einfach zu handhaben ist die Trockenhefe. Die genaue Menge richtet sich nach dem Feinheitsgrad des Mehls. Je feiner das Mehl, desto weniger Hefe ist notwendig. Brot mit Trockenhefe schmeckt weniger nach Hefe als Brot mit Frischhefe. Außerdem ist die Vorratshaltung einfacher. Auf 500 g Mehl kommen 15–20 g Trockenhefe.
Bei Backpulver muß auf Glutenfreiheit geachtet werden, denn es gibt Backpulver mit Weizenstärke.
Grundsätzlich gilt: Auf 100 g Mehl kommen etwa 3–4 g Trockenhefe oder 3,5 g Backpulver.

Verdickungsmittel

In Fertigmehlen ist es meistens enthalten. Selbstgemahlenem Mehl (z. B. Reis-, Buchweizen*-, Quinoa-, Amaranthmehl usw.) muß noch ein Verdickungsmittel zugefügt werden. Dafür eignen sich:

- Guarkernmehl (1 %, also 1g auf 100 g Mehl)
- Johannisbrotkernmehl (1 %)
- Pfeilwurzelmehl (Arrowroot) (3 %)
- Kuzu (Kouzou) (3 %)
- Apfelpektin (2 %)
- Gelatine (3 %)

* Bei Buchweizen etwas weniger, da es selbst einen hohen Kleberanteil hat.

Salz

Bei Gewürz- und Kräutersalz *kann* Gluten enthalten sein.
Bei Morbus Duhring darf kein Jodsalz verwendet werden.
Je nach Geschmack sollte dem Brot 1–2 % zugefügt werden (also 1–2 g je 100 g Mehl).

Aromen und Geschmacksverstärker

Beide sind in fast allen Fertiglebensmitteln enthalten und können Gluten enthalten. Da es aber keine Deklarationspflicht für geringfügige Mengen gibt, muß bei diesen Lebensmitteln immer in der Liste der glutenfreien Lebensmittel nachgeschaut werden.

Verdickungsmittel

Die meisten Verdickungsmittel sind glutenfrei. Sie sollten entweder Guarkernmehl, Agar Agar, Pfeilwurzelmehl, Kuzu, Johannisbrotkernmehl, Apfelpektin, Maisstärke oder Kartoffelmehl verwenden.

Wurstwaren

Leider werden bei der Herstellung konventioneller Wurst in den meisten Fällen Gewürzmischungen mit Geschmacksverstärker verwendet. Dies gilt natürlich auch für Bratwurst, Kochschinken und sogar Räucherschinken. Da heute die meisten Schlachter fertige Gewürzmischungen verwenden und Gluten in der Gewürzmischung nur ein Zusatz ist, weiß das Verkaufspersonal nichts über die genauen Inhaltsstoffe. Teilweise ist sogar Getreide in der Wurst enthalten.
Fragen Sie, ob bei der Herstellung Fertiggewürz verwendet wird. Vielleicht haben Sie Glück, und Ihre Schlachterei würzt noch mit Salz, Pfeffer und Gewürzen wie beispielsweise Majoran.
Leider führen nur sehr wenige Naturkostläden und Reformhäuser Wurstwaren, denn Wurst, die Sie dort kaufen können, ist glutenfrei.
Die Adressen finden Sie in den Gelben Seiten oder im Alternativen Branchenbuch (gibt es im Buch- oder Naturkosthandel).
Eine Liste der Versender glutenfreier Wurstsorten finden Sie im Anhang.

Käse

Magerkäse mit einem Fettgehalt unter 20 % benötigt einen Emulgator, um nicht zu bröseln. Häufig wird Gluten als Emulgator verwendet, ohne daß es auf der Verpackung stehen muß.
Geriebener oder gewürfelter Käse könnte ein glutenhaltiges Trennmittel enthalten.
Schmelzkäsezubereitungen können Gluten enthalten, und Schimmelkäse könnte auf Brot zum Schimmeln gestartet worden sein.

Fischkonserven

Vor allem die beliebten Rollmöpse und Bratheringe enthalten Paniermehl. Auch hier gilt: Nie kaufen, ohne in der Liste nachgeschaut zu haben.

Mayonnaise

Leider enthalten viele Mayonnaisesorten Gluten, ohne daß es auf der Verpackung steht.

Süßigkeiten

Hier muß immer in der Liste nachgeschaut werden, denn beinahe alle Süßigkeiten können Gluten enthalten; auch Schokolade und Süßigkeiten, bei denen man es nicht vermutet. Sehr hilfreich ist das Angebot im Reformhaus.

Frühstückszerealien

Auch hier gilt: Nur kaufen, wenn sie als glutenfrei deklariert sind oder in der Liste stehen. Cornflakes, die von diversen Firmen angeboten werden, sind zwar aus Mais, aber keineswegs unbedingt glutenfrei.

Suppen und Würzmittel

Jede Suppe kann verstecktes Gluten enthalten. Kaufen Sie im Reformhaus nach der *neuform*-Liste oder nach der Lebensmittelliste.

Kartoffelbrei & Co.

Pommes frites und Kroketten können vor dem Braten in Mehl gewälzt worden sein. Kroketten können sogar Mehl enthalten, und Pommes werden manchmal aus Brei hergestellt und können ebenfalls Mehl enthalten. Außerdem kann in der Friteuse vorher etwas Paniertes gebraten worden sein.
Bei allen anderen Kartoffelfertigprodukten müssen Sie die Liste befragen.

Puddingpulver

Ein großes Problem ist, daß einige Firmen ihre Maschinen nicht so sorgfältig reinigen, daß sie Glutenfreiheit garantieren können. Kaufen Sie nur als glutenfrei deklariertes Puddingpulver. Im Zweifelsfalle glutenfreie Maisstärke kaufen und echte Vanille selbst zufügen.

Babykost

Als glutenfrei deklarierte Babykost gibt es in recht großer Auswahl in Lebensmittelgeschäften, Naturkostläden, Reformhäusern, Drogerien und Apotheken.

Lebensmittel, die Sie vielleicht noch nicht kennen

Ahornsirup

ist eine süße Delikatesse aus den kanadischen Ahornbäumen. Die Baumstämme werden angezapft. Der Saft, der zuerst aus dem Baum tropft, ist die beste Qualität und wird *Grad A* genannt. Je älter die angezapfte Stelle, desto

dunkler und geschmacksinteniver wird der Saft. *Grad C* ist am aromatischsten. *Grad D* ist bitter und wird genau wie *Grad B* hier in Mitteleuropa nicht angeboten.
Bezugsquelle: Reformhaus, Naturkosthandel, Versand

Amaranth

ist ein aus den Anden stammendes Getreide mit sehr vielen Vitaminen und Mineralien. Es schmeckt nussig und ist gemahlen ohne Verdickungsmittel (z.B. Guarkernmehl) nicht backfähig. Zum Kochen ist es leider nicht geeignet. Dafür wird es gepufft für Müsli oder als Backzutat angeboten.
Das Selbstpuffen ist frustrierend, da mindestens die Hälfte der Körner verbrennen.
Bezugsquelle: Reformhaus, Naturkosthandel, Versand

Apfelpektin

ist ein reiner und sehr gesunder Ballaststoff, der aus Äpfeln gewonnen wird. Mit ein paar Messerspitzen lassen sich kalte und warme Soßen kalorienfrei eindicken.
Bezugsquelle: Fa. Natura, Reformhaus, Fa. Spinnrad

Balsamessig – Balsamico – Balsamiko

ist ein italienischer Essig, der aus einer guten roten Weintraube gewonnen wird. Richtig delikat wird der Essig durch zwei- oder mehrjährige Lagerung. Kombiniert mit gutem Olivenöl wird daraus eine leckere Salatsoße.
Bezugsquelle: Reformhaus, Naturkosthandel, Lebensmittelhandel, Versand

Carob

Carob ist die pulverisierte Johannisbrotbaumfrucht und hat den Vorteil, daß es von Natur aus süßt, weil es keine Bitterstoffe enthält. Aus Carob werden hervorragende Brotaufstriche und »Schokolade« ohne Gluten hergestellt. Sie ersetzen die von Kindern so geliebten Schokoaufstriche, die fast alle Gluten enthalten.

Das Johannisbrot wächst an großen Bäumen, vor allem im Mittelmeerraum. Die Frucht ist eine Schote und hat kleine harte Kerne, die gemahlen ein kalorienfreies Verdickungsmittel sind (Johannisbrotkernmehl).
Bezugsquelle: Reformhaus, Naturkosthandel, Versand

Cashewmus

Die meisten Menschen mit Nußallergien vertragen Cashewkerne, da sie *nicht* zur Familie der Nüsse zählen. Aus diesen Kernen gibt es Mus. Ein Löffel davon ersetzt bei manchen Rezepten die Sahne. Es schmeckt cremig-süß und ist sparsam in der Anwendung.
Bezugsquelle: Reformhaus, Naturkosthandel, Versand

Gomasio

kommt aus der makrobiotischen Küche und ist eine Mischung aus geröstetem gemahlenem Sesam und Salz. Da Sesam einen hohen Calciumwert hat, sollte es oft verwendet werden, sofern eine Laktoseintoleranz besteht. Zum Beispiel zum Salzen von frischen Tomaten oder Gurken auf dem Brot.
Bezugsquelle: Reformhaus, Naturkosthandel, Versand

Kartoffelmehl

Gustin oder auch einfach Kartoffelmehl genannt wird aus der Kartoffel hergestellt und ist als Backzutat, als Mehl oder zum Eindicken von Soßen geeignet.

Lopino

ist ein relativ neues, aus der gelben und weißen Lupine gewonnenes Lebensmittel. Es sieht ähnlich wie Tofu aus, hat aber eine intensive gelbe Farbe. Es ist schmackhafter als Tofu und sehr eiweißreich, was vor allem bei vegetarischer Ernährung wichtig ist.
Lopino hat den Vorteil, daß es aus einer heimischen Pflanze gewonnen wird. Zusätzlich bringt es dem Boden wichtige Nährstoffe.

Lopino gibt es als fertige Bratlinge (meist glutenfrei) und pur zum Selbstverarbeiten.
Bezugsquelle: Fa. Geestland, Naturkosthandel

Maisstärke

Mondamin, Maizena oder einfach nur Maisstärke heißt die aus Mais hergestellte Stärke. Leider ist sie nicht mehr sehr vitamin- und mineralienreich. Sie ist geeignet als Mehlersatz und zum Eindicken von Soßen. Backwaren mit einem Maisstärkeanteil werden lockerer. Aus Maisstärke wird außerdem Pudding hergestellt.

Mandelmus

Es gibt zwei Sorten: Das weiße Mandelmus ist etwas teurer, da die Mandeln vor dem Mahlen von der Haut befreit wurden. Das dunkle, ebenso schmackhafte Mandelmus wurde mit Haut verarbeitet.
Mandelmus eignet sich als Brotaufstrich sowie zum Verfeinern von Gemüse- und Salatsoßen.
Bezugsquelle: Reformhaus, Naturkosthandel, Versand

Quinoa

(gesprochen: Kien-wa) ist ein aus den Anden stammendes Getreide. Es ist sehr vitamin- und mineralienreich und schmeckt, gekocht als Beilage, sehr gut. Als Mehlbestandteil verfeinert es Backwaren.
Bezugsquelle: Reformhaus, Naturkosthandel, Versand

Reis

Je länger die Reiskörner, desto besser. Es gibt etwa 7000 verschiedene Arten. Leider wird Reis sehr oft vorbehandelt. Die wichtigsten Unterschiede hier kurz erklärt:

- *Naturreis* wird nur enthülst und geschält. Das vitamin- und mineralstoffreiche Silberhäutchen bleibt erhalten.
- *Parboiled Reis* wird mit Schale eingeweicht, getrocknet und geschält. Bei diesem Vorgang wandern die Vitamine und Mineralien nach innen. Der

getrocknete Reis wird geschliffen und dabei vom Silberhäutchen befreit. Die Nährstoffe bleiben erhalten.

- *Patnareis* ist weißer Reis, dessen Silberhäutchen abgeschliffen wurde.
- *Polierter Reis* ist ebenfalls weißer, geschliffener und polierter Reis ohne Silberhäutchen.
- *Carmarguereis* kommt aus Südfrankreich, ist rot und ein schmackhafter Naturreis.
- *Basmatireis* gibt es als Naturreis und als weißen Reis. Er schmeckt ganz besonders aromatisch und ist einen Versuch wert.
- *Schwarzer Reis* kommt aus Asien und ist in verschiedenen Qualitäten zu bekommen. Eine geringe Menge davon färbt das Brot dunkel.
- *Wildreis* ist nicht glutenfrei.

Der Bruchanteil bestimmt die Qualität:

Spitzenreis:	Bruchanteil	5 %
Standardreis:	Bruchanteil	15 %
Haushaltsreis:	Bruchanteil	25 %
Bruchreis:	Bruchanteil	>40 %

Reisdrink

Seit wenigen Jahren gibt es den aus den USA stammenden Reisdrink. Er ist ein relativ teurer, aber dafür hervorragender Ersatz für Milch, sofern man ihn nicht zum Kochen verwendet. Gekühlt schmeckt er leicht süß und milchähnlich, ohne zu schleimen.
Bezugsquelle: Reformhaus, Naturkosthandel, Versand

Sojabohnen

Es gibt etwa 1200 Sojaarten. Bei uns sind vor allem folgende bekannt.

- Die *gelbe Sojabohne* wird für Sojatrunk und Tofu verwendet. Gekeimt muß sie abgebrüht werden, da sie sonst Gifte enthält.
- Die *grüne, Mungbohne* oder *Mungobohne* genannt, ist sehr gut zum Keimen geeignet. Außerdem werden aus ihr die Glasnudeln hergestellt.
- *Schwarze* und *rote Sojabohnen,* dem glutenfreien Getreide beim Mahlen zugesetzt, machen das Brot dunkler.

Sojakaffee

ist aus der gerösteten gelben Sojabohne und vor allem für Kinder geeignet, da er keinerlei Reizstoffe enthält. Man kann ihn selbst herstellen oder bei Fa. Sobo bestellen.
Bezugsquelle: Fa. Sobo, Adresse im Anhang,

Sojadessert / Sojacreme

ist eine ganz besondere Delikatesse. Es gibt verschiedene Geschmacksrichtungen, und alle schmecken wesentlich besser als mit Sojatrunk gekochter Pudding.
Die Tetrapackungen sind ungeöffnet viele Monate haltbar, können also bevorratet werden. Geöffnet halten sie im Kühlschrank 1 Woche. Da sie sehr lecker sind, werden sie allerdings nicht so alt.
Vorsicht: Es gibt glutenhaltige Sorten (vor allem im Naturkosthandel).
Bezugsquelle: Reformhaus, Naturkosthandel

Sojatrunk

Sojatrunk oder auch *Sojamilch* und *Sojadrink* genannt, wird aus der gelben Sojabohne hergestellt. Meistens ist das Trinken des puren Sojatrunks zuerst eine Enttäuschung, vor allem beim Vergleich mit Kuhmilch.
Zum Kochen ist Sojatrunk wesentlich besser geeignet als Reisdrink. Aber Vorsicht, er kocht über.
Er hält sich original verschlossen mehrere Monate; geöffnet im Tetrapack bis 4 Wochen und in der geöffneten Glasflasche 1 Woche.
Bezugsquelle: Reformhaus, Naturkosthandel, Versand

Tahin

ist Sesammus und schmeckt den meisten Menschen nicht pur. Mit Honig gesüßt wird es zu dem beliebten türkisch/griechischen Halwa. Tahin ist auch zur Verfeinerung von diversen Speisen geeignet.
Bezugsquelle: Reformhaus, Naturkosthandel, Versand

Tofu

Aus der gelben, eiweißreichen Sojabohne wird Sojatrunk hergestellt. Diesem Sojatrunk wird unter anderem Nigari (Bittersalz) zugefügt. Nach besonderer Verarbeitung entsteht daraus Tofu, woraus sich verschiedene Gerichte herstellen lassen. Wenn Sie Tofu mögen, sollten Sie im Buchhandel nach Tofukochbüchern fragen. Es gibt eine große Auswahl.
Bezugsquelle: Reformhaus, Naturkosthandel, Versand

Vorratshaltung

Brotlagerung

Geeignet sind alle Brotkästen, sofern getrennt vom glutenhaltigen Brotkasten, die Luftlöcher haben. Dort sollte Brot sich mindestens 4 Tage halten.
Ich habe eine handgetöpferte Auflaufform, deren Deckel nicht dicht ist. Ist es sehr warm, muß das Brot in den Kühlschrank. Ich stelle einfach die Auflaufform in den Kühlschrank.
Eine Plastiktüte, die nicht vollständig verschlossen wird, eignet sich auch.

Bevorratung in der Kühltruhe

Ich kaufe jeden Herbst in der Erntezeit frisches Gemüse auf dem Markt und friere es portioniert ein. So haben wir garantiert glutenfreies Gemüse, das sich schnell zubereiten läßt für die Gelegenheiten, bei denen wir aus Zeitgründen auf die Schnelle eine Fertigpizza oder dergleichen in den Ofen geschoben hätten.

- Alle Lebensmittel, die auch glutenhaltig sein könnten (Kuchen und Wurstwaren), sollten unbedingt beschriftet werden. Das dient nicht nur Ihrer Information, sondern hilft allen Familienangehörigen. So kann es nicht passieren, daß jemand versehentlich Ihr letztes Stück Sandkuchen oder Ihr letztes Eis ißt.
- Es empfiehlt sich, Backwaren, Wurst und Aufstriche portionsweise einzufrieren. Schneiden Sie aber nicht alles in Scheiben, denn diese trocknen später schneller aus.

- Bleibt beim Essen ein kleiner Rest, legen Sie einfach einen Teller auf die Schüssel und stellen diese für ein paar Tage in die Kühltruhe. Voraussetzung ist natürlich, daß das Lebensmittel glutenfrei ist, denn es fehlt die Beschriftung.
- Gefrierbeutel sollten immer beschriftet sein. Außer dem Namen des Lebensmittels muß auch das Einfrierdatum auf dem Beutel stehen.
- Brotaufstriche (süß und pikant) im Glas lassen sich gut einfrieren. Allerdings darf der Deckel nur lose aufliegen, denn das Gefriergut quillt auf. Das Glas mit zugeschraubtem Deckel würde platzen. Sobald der Aufstrich gefroren ist, können Sie den Deckel schließen.

Lagerzeiten in der Kühltruhe

Das Gargut darf beim Einfrieren nicht mehr warm sein.
Am schonendsten taut man Gefriergut im Kühlschrank auf. Wenn Sie einige Stunden Zeit haben, legen Sie das Gefriergut offen in die Küche. Nur in Ausnahmen sollten Sie in der Mikrowelle bei sehr niedriger Stufe auftauen.

Gefriergut	Vorbereitung	Verpackung	Lagerzeit in Monaten
Apfelmus	gegart	Dose	10
Blumenkohl	*3–5 Minuten blanchieren*	*Beutel*	*8*
Bohnen	3 Minuten blanchieren	Beutel	12
Bratwurst	*keine*	*Beutel, Dose*	*4–6*
Brokkoli	4 Minuten blanchieren	Beutel	12
Datteln	*roh*	*Beutel*	*10*
Erbsen	2 Minuten blanchieren	Beutel	12
Erdbeeren	*roh*	*einzeln auf Blech, später eintüten*	*12*
Fisch, mager	ohne Innereien	Beutel, Dose	2–3
Gemüse-püree	*gegart*	*Dose*	*6*
Grünkohl/ Braunkohl	3 Minuten blanchieren	Beutel, Dose	12
Himbeeren	*roh*	*Dose*	*12*
Johannis-beeren	roh	Beutel	12

Gefriergut	Vorbereitung	Verpackung	Lagerzeit in Monaten
Karotten/ Möhren	*2–3 Minuten blanchieren*	*Beutel*	*12*
Karottenbrei	gegart	Dose	12
Kirschen	*roh*	*Beutel*	*12*
Kohlrabi	3 Minuten blanchieren	Beutel/Dose	12
Kräuter	*frisch*	*Dose, Eiswürfel-behälter*	*6*
Lauch/Porree	4 Minuten blanchieren	Beutel/Dose	7
Mais	*20 Minuten blanchieren*	*Beutel*	*8*
Milch-produkte	keine	Beutel	4–6*
Orangensaft	*frisch*	*Dose/Flasche ohne Deckel*	*10*
Paprika	3 Minuten blanchieren	Beutel, Dose	12
Pflaumen und Zwetschen	*roh*	*Beutel*	*10*
Pilze	in Fett dünsten	Beutel	8
Pommes frites	*1 x fritiert*	*Beutel*	*4*
Rosenkohl	4 Minuten blanchieren	Beutel	12
rote Bete/ rote Rübe	*garen, schälen*	*Beutel*	*8*
Rotkohl	3 Minuten blanchieren	Beutel, Dose	12
Sellerie	*4 Minuten blanchieren*	*Beutel*	*8*
Spargel	4 Minuten blanchieren	Beutel	6
Spinat	*2 Minuten blanchieren*	*Beutel, Dose*	*12*
Tomaten	keine	Beutel	12
Wurst	*keine*	*Beutel, Dose*	*3–6**
Zitronensaft	keine	Dose, Flasche ohne Deckel	10

*je nach Fettgehalt

Leberwurst, Blutwurst, Zervelatwurst und Salami sind nicht zum Einfrieren geeignet. Ebenso frische Äpfel, Birnen, Chinakohl, Salate, Kartoffelsalat, Zwiebeln, Radieschen, Rettich, Kresse und Sauerkraut.

Das Dörren von Lebensmitteln

Trockenobst eignet sich hervorragend als Ersatz für Süßigkeiten und Zwischenmahlzeiten. Außerdem ist es eine gesunde Form der Lebensmittelbevorratung.

Leider sind die Temperaturen in unseren Breitengraden meistens nicht ausreichend für das Dörren von Obst und Gemüse an der frischen Luft. Mit Apfelringen und Pilzen können Sie es jedoch bei heißem Wetter versuchen. Die Apfelringe und die Pilze auf eine Schnur fädeln und an eine schattige, aber luftige Stelle hängen

Wer einen Garten hat, sollte über die Anschaffung eines Dörrgeräts nachdenken. Das Grundgerät kostet nicht viel, ist im Naturkosthandel oder Reformhaus erhältlich und hat 3 Siebe. Bis zu 7 Ergänzungssiebe können aufgesetzt werden.

In diesem Gerät können Sie alles dörren. Theoretisch ist jedes Lebensmittel zum Dörren geeignet; sogar Fleisch. Sinnvoll ist es vor allem bei Obst. Entkernte Kirschen und Mirabellen sind getrocknet eine besonders leckere Delikatesse. Reife Bananen sind sehr gut für unterwegs, denn sie sind kalorienreich und machen satt. Fragen Sie bei Ihrem Lebensmittelhandel nach verbilligten überreifen Bananen. Sie sind genau richtig zum Dörren.

Trockenobst ersetzt auch die vielen Süßigkeiten, die nicht erlaubt sind und ist dabei noch vitaminreich und gesund.

Das Obst wird – je nach Sorte – entkernt, geschält, in Scheiben geschnitten und auf den Sieben des Dörrgeräts verteilt. Im Gerät ist ein Heißlüfter eingebaut, der stufenlos bis etwa 50 °C einstellbar ist. Das Dörrgut wird innerhalb weniger Stunden schonend getrocknet.

Kleine Mengen können auch im leicht geöffneten Heißluftbackofen bei maximal 50 °C getrocknet werden.

Natürlich lassen sich noch viele weitere Früchte dörren. Probieren Sie die Frucht zwischendurch, und Sie werden feststellen, wann die richtige Trockenheit erreicht ist. Je nach Größe der Früchte und Höhe der Temperatur schwanken die Dörrzeiten zu sehr für korrekte Angaben.

Nach etwa der halben Dörrzeit die unteren Siebe nach oben wechseln.

Getrocknete Lebensmittel, luftdicht, dunkel und trocken aufbewahrt, sind jahrelang haltbar.

- Äpfel (süße) entkernen, evtl. schälen und in 10 mm dicke Scheiben schneiden, 8 Stunden dörren.
- Birnen (reife) schälen, entkernen, vierteln und 10 Stunden dörren.
- Bananen (sehr reife) schälen, der Länge nach halbieren, mit der runden Seite nach unten legen und 10 Stunden dörren.

- Aprikosen, halbieren, entkernen und 12 Stunden dörren.
- Kirschen, sauer, süß (vor allem saure sind lecker) mit Kern 11 Stunden oder ohne Kern 8 Stunden dörren.
- Mirabellen entkernen und 10 Stunden dörren.
- Beeren je nach Größe halbieren und 10–12 Stunden dörren.
- Hagebutten (für Tee) vierteilen, entkernen, enthaaren und 6 Stunden dörren.
- Zitrusfrüchte in Stücke teilen und 3–6 Stunden dörren.

Gedörrtes Gemüse muß vor dem Kochen mehrere Stunden in Wasser eingeweicht werden. Dies gilt auch für Obst, wenn Sie es »frisch« essen möchten. Achten Sie aber bitte auf gute Qualität des Wassers.

Ein paar wichtige Tips

- Das Messer, mit dem Sie »normales« Brot geschnitten haben, muß gereinigt werden bevor Sie glutenfreies Brot schneiden.
- Um Verwechslung und »Verunreinigung« zu vermeiden, ist getrennte Aufbewahrung notwendig.
- Der Toaster darf nicht für glutenfreie und glutenhaltige Brotsorten verwendet werden. Beschriften Sie eine Seite mit »glutenfrei«, und benutzen Sie sie nicht für glutenhaltiges Brot.
- Falls nur Sie glutenfreie Wurst essen, sollte auch diese getrennt aufbewahrt werden.
- Gefrierbeutel stets beschriften.
- Alle Backwaren nach dem Backen auf einen Gitterrost legen und vor dem Anschneiden auskühlen lassen.
- Reismehl und Mehlmischung von KulturGut Alte Schmiede können Sie auch selbst mahlen. Verwenden Sie nur Vollkornreis, denn jeder andere läßt sich nur schlecht mahlen.
- Die Adressen aller Firmen finden Sie im Anhang.

Nützliche Tips zu den Rezepten

Alle Rezepte sind glutenfrei.
Alle Rezepte sind frei von Weizenstärke.

- Die meisten Fette entwickeln beim Erhitzen über 150 °C Gifte. Davon ausgenommen sind Kokos- und Palmfett. Beide Fette enthalten jedoch nur gesättigte Fettsäuren und erhöhen den Cholesterinspiegel. Olivenöl und Erdnußöl dürfen bis etwa 180 °C erhitzt werden und enthalten ungesättigte Fettsäuren. Sobald Fett beim Erhitzen qualmt, ist es zu heiß geworden und hat ebenfalls Gift entwickelt. Einige Sonnenblumenöle, Sojaöle und Maiskeimöle wurden so vorbehandelt, daß sie zum Braten geeignet sind. Achten Sie also beim Kauf von Bratfett genau auf die Angaben auf der Flasche.
  Kaltgepreßtes Distelöl, Sesamöl und unbehandelte andere Öle sind nur für Salat geeignet, dafür aber am gesündesten, da sie mehrfach ungesättigte Fettsäuren enthalten. Da alle Öle 100 °C vertragen, können sie beim Gemüse mitkochen.
- Wenn im Rezept Mehl steht, ist immer glutenfreies gemeint.
- Alle Rezepte sollen vor allem Ihre Phantasie anregen. Variieren Sie nach Herzenslust.
- Sie sollten nicht extra kochen für die Person mit Zöliakie oder Sprue. Alle Familienmitglieder werden sich an warme Gerichte ohne Gluten gewöhnen, und Sie haben weniger Arbeit. Selbst glutenfreie Pizza und Kuchen kann vom Rest der Familie gegessen werden. Vor allem, wenn selbstgemahlenes Mehl verwendet wird, ist glutenfreies Mehl kaum teurer.
- Die Menge der Süßmittel in den Rezepten sollte von Ihnen abgeschmeckt und Ihrem Bedarf angepaßt werden. Dies gilt auch für Kuchenteig.
- Trockenhefe und Backpulver halten sich viele Monate und können ohne Probleme bevorratet werden. Sie sollten immer ein paar Beutel in Reserve haben, so können Sie sich jederzeit Brot oder Kuchen backen.

- Hefeteig geht stärker und schneller auf, wenn dem Teig 1 EL Zucker oder Honig beigefügt wird.
- In China wird Bratöl gesalzen, dann gart das Gemüse schneller.

Die richtige Lebensmittelmenge

Die nachfolgende Mengenangaben pro erwachsener Person sollen Ihnen helfen, die für Ihre Familie richtige Menge zu errechnen. Bei Gemüse ist immer rohes, ungeputztes gemeint.

Lebensmittel, alle roh	Gramm pro Person
Brot	200–300
Fleisch	maximal 200
Gemüse als Beilage	200–300
Gemüse als Rohkost	100–150
Hirse	100 (½ Tasse)
Kartoffeln	200–250
Lopino als Brotbelag	30–50
Lopino als Teilgericht	100
Nudeln	60
Obst	100–150
Quinoa	100 (½ Tasse)
Reis	100 (½ Tasse)
Rohkost als Vorspeise	60–100
grüner Salat als Vorspeise	50–80
Tofu als Brotbelag	30–50
Tofu als Teilgericht	100

Benutzen Sie für das Abmessen von Reis, Hirse und Quinoa immer die gleiche Tasse, so werden Sie schnell die richtige Menge für Ihre Familie herausfinden.

Rezepte

Brot

Mit dem nachfolgenden Grundrezept können Sie eigentlich fast alles machen. Der Teig eignet sich ebenso für Pizza, Gemüsekuchen (Zwiebelkuchen) und Kuchen. Bei Kuchen fügen Sie einfach Zucker dazu und schmecken den Teig ab. Eine Tafel kleingeschnittene Schokolade in den Teig gerührt ergibt einen Schokoladenkuchen; mit Obst belegt einen Obstkuchen. Für Kuchen können Sie Wasser durch Milch oder Milch und Ei ersetzen.
Das Reismehl von KulturGut Alte Schmiede ist aus kontrolliert biologischem Naturreis. Die Mehlmischung enthält außer Reis noch ungefähr je 10 % Amaranth, Buchweizen und Quinoa.

Wichtig ist nur das Einhalten der Anteile:

100 % Mehl (KulturGut oder selbst gemahlen)
1 % Guarkernmehl (sofern nicht schon im Mehl enthalten)
85–90 % Flüssigkeit
1–2 % Salz
etwa 4 % Trockenhefe oder 3,5 % Backpulver

Alle anderen Zutaten (Zucker, Samen, Kerne, Schokoladenstücke usw.) sind beliebig variabel.
Leicht angetoastetes Brot schmeckt frischer und aromatischer.

Dunkles Brot

Normalerweise ist glutenfreies Brot sehr hell. Um es dunkler zu machen, gibt es verschiedene Möglichkeiten:

- *Zuckercouleur* dem Teig zugeben (Lebensmittelhandel).
- *Walnüsse* färben dunkel (preiswert in türkischen Gemüseläden).

- 2–3 EL *Haselnußmehl* oder Walnußmehl geben dem Brot einen nussigen Geschmack und färben es dunkel.
- ½ Tasse *roter Reis* aus der Camargue (KulturGut Alte Schmiede und Naturkostläden).
- 2 EL *schwarzer Klebereis* aus Asien (Asienläden).
- Vollkornreis, *Buchweizen,* Quinoa und Amaranth ergeben dunkleres Brot. (KulturGut Alte Schmiede).
- 2–3 EL *schwarze* oder *rote Mungbohnen* (Asienläden).

Brotgewürze

- 1–2 EL Essig geben dem Brot einen leicht sauren Geschmack und tragen zur längeren Haltbarkeit bei.
- Zitronensaft gibt dem Brot eine knusprige Kruste.
- Im Naturkostladen gibt es fertige Mischungen »Brotgewürz«.
- Brotgewürze: Knoblauchsalz, Anis, Fenchel, Kümmel, Kardamom, Safran, Curry.
- Kümmel hat einen sehr intensiven Geschmack. Wer es mag, sollte es testen.
- Zucker in geringer Menge läßt die Hefe besser gehen und macht das Brot geringfügig süßer.

Feinheit des Mehls

Sehr feines Mehl hat durch den Mahlvorgang viele Mineralien verloren. Hat die Mühle eine Skala von 1 bis 10 sollte es für Brot und Kuchen bei 3–4 gemahlen werden; für Nudelmehl auf 1 stellen.

Teigzubereitung

Hefeteig in kurzer Zeit

Alle trockenen Zutaten vermischen, das Wasser (handwarm) dazugeben und mit einem Mixer verrühren. Der Teig hat in der Konsistenz Ähnlichkeit mit einem Rührteig.
5 Minuten mixen, dann die Schüssel mit einem Handtuch zudecken und den Teig für 1–1½ Stunden an einem warmen Ort gehen lassen.

Erneut kurz mixen und in eine gefettete oder mit Backpapier ausgelegte Backform füllen; noch besser geeignet ist eine Teflonbackform. In den kalten Ofen schieben und diesen auf 180 °C stellen.
Nach etwa 70–80 Minuten mit einer dünnen Metallnadel prüfen, ob das Brot gar ist. Bleibt Teig an der Nadel kleben, ist es noch nicht fertig.

Hefeteig aus dem Kühlschrank

Besonders praktisch (vor allem für Anfänger) ist es, den Teig im Kühlschrank aufgehen zu lassen. Dabei wird nur die Hälfte der Hefemenge verwendet. Die Temperatur der Zutaten spielt keine Rolle. Sobald der Teig verrührt ist, wird er für 12–20 Stunden zugedeckt in den Kühlschrank gestellt.
Diese Art der Zubereitung eignet sich auch für Berufstätige. Morgens vor dem Weggehen den Teig rühren und abends backen. Das Brot hat einen anderen Geschmack, als wenn es nur kurz aufging. Vor allem schmeckt es kaum nach Hefe.
Den Teig aus dem Kühlschrank nehmen, verrühren, in eine Backform füllen und 30 Minuten im Backofen ruhen lassen. Den Backofen auf etwa 180 °C stellen und 70–80 Minuten backen.

Für den Brotbackautomat

Zunächst das Wasser, nicht handwarm, sondern so wie es aus der Leitung kommt, in die Backform füllen. Die trockenen Zutaten, ohne sie zu vermischen, dazugeben, den Automat anstellen und nach ein paar Minuten kontrollieren, ob der Teig einen Strudel bildet. Ist dies nicht der Fall, weiteres Wasser in kleinen Portionen dazugeben. Die Temperatur der Zutaten spielt keine Rolle. Sie sollten nicht warm sein.
Alles andere macht der Brotbackautomat ohne Ihr Zutun.

Teig aus dem Kühlschrank für den Backautomat

Leider geht es nur mit den Backautomaten, die einen getrennten Back-vorgang haben (z. B. Automaten mit den Arbeitsgängen »schwach«, »mittel«, »dunkel«, »Teig herstellen«, »Backen«). Den Backautomat befüllen (halbe Hefemenge) und etwa 15 Minuten rühren lassen. Den Automat ausstellen, die Form entnehmen und mit einem Teller bedeckt in den Kühlschrank stellen.
Nach 15–20 Stunden aus dem Kühlschrank in den Automat stellen, den Automat für maximal 1 Minute auf »Backen« stellen, damit die Form

angewärmt wird, 5 Minuten rühren lassen, 15 Minuten ruhen lassen und auf »Backen« stellen. Körner (z.B. Sesam, Sonnenblumenkerne usw.) erst während des kurzen Rührgangs vor dem Backen dazugeben. Die Arbeit lohnt sich, denn das Brot schmeckt besser.

Grundrezept

500 g Reismehl oder Mehlmischung *(KulturGut Alte Schmiede)*
430–450 ml Wasser
5 g Guarkernmehl
5 g Salz
15–20 g Trockenhefe

Zubereitung wie oben beschrieben.

Mehrkornbrot

300 g Reismehl *(KulturGut Alte Schmiede)*
100 g Buchweizenmehl
50 g Quinoamehl
50 g Amaranthmehl
430–450 ml Wasser
5 g Guarkernmehl
5 g Salz
15–20 g Trockenhefe
½ Tasse Sesamsaat
½ Tasse Sonnenblumenkerne

Zubereitung wie oben beschrieben. Die Mehlmischung ist variabel und kann nach Ihrem Geschmack abgeändert werden. Die Menge und Auswahl der Kerne, Samen, Nüsse usw. können Sie ebenfalls variieren.

Haselnußbrot

500 g Reismehl oder Mehlmischung *(KulturGut Alte Schmiede)*
3 EL Haselnußmehl, teilentölt *(KulturGut Alte Schmiede)*
450 ml Wasser
5 g Guarkernmehl
5 g Salz
15–20 g Trockenhefe

Zubereitung wie oben beschrieben.
Erdnußliebhaber können auch teilentöltes Erdnußmehl verwenden.

Ingrids Weißbrot

200 g Reismehl *(KulturGut Alte Schmiede)*
180 g Kartoffelmehl
50 g Mondamin
5 g Guarkernmehl
2 EL Zucker
5 g Salz
1 kleiner Beutel Hefe
1 EL Sesamsaat
260 ml Milch
2 EL Öl
1 Ei

Zubereitung wie oben beschrieben.

Ingrids Milchbrot

500 g Reismehl *(KulturGut Alte Schmiede)*
5 g Guarkernmehl
2 EL Zucker
5 g Salz
1 kleiner Beutel Hefe
1 EL Sesamsaat
400 ml Milch
1 Ei

Zubereitung wie oben beschrieben.

Ingrids Vollkornbrot

300 g Reismehl *(KulturGut Alte Schmiede)*
100 g Kartoffelmehl
100 g Maisstärke
1 kleiner Beutel Hefe
5 g Guarkernmehl
5 g Salz
1 TL Zucker
100 g Sesamsaat
100 Sonnenblumenkerne
50 g Kürbiskerne
500 ml Wasser

Zubereitung wie oben beschrieben.

Brigittes Brot

300 g Mehlmischung *(KulturGut Alte Schmiede)*
180 g Buchweizenmehl
3–4 EL Apfelbipektal *(Fa. Spinnrad)*
1 EL Lecitin *(Spinnrad)*
2 EL Erbsenfaser *(Spinnrad)*
1 Msp. Pfeilwurzelmehl
350 ml Wasser
1 gestrichener TL Koriander
1 EL Salz
1 TL Zucker
20 g Trockenhefe

Zubereitung wie oben beschrieben.

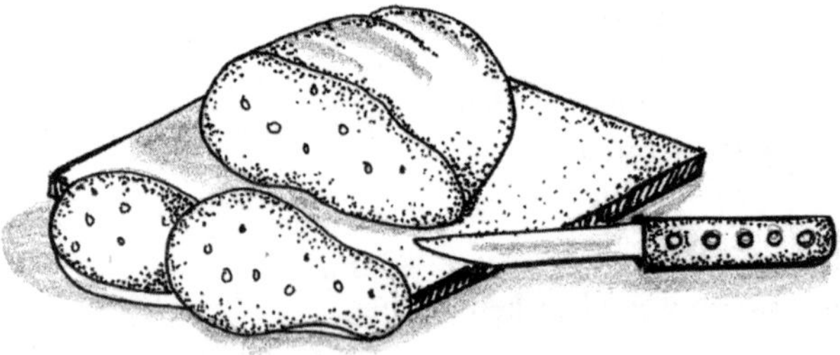

Toseno Spezial Mischbrot

500 g Toseno Fertigmehl
25 g Sirup
450 ml Wasser, handwarm, etwa 30 °C
25 g Margarine/Butter
20 g Frischhefe
4 EL Zitronensaft
1 Ei

Mehl, Fett, Sirup, Zitronensaft und Ei in eine Schüssel füllen und die Hefe im Wasser auflösen. Alles vermischen und etwa 8 Minuten zu einem glatten Teig verarbeiten.
Den Teig in eine gefettete Kastenform geben und an einem warmen Ort etwa 40 Minuten gehen lassen.
Im vorgeheizten Ofen (250 °C) auf der unteren Schiene 10 Minuten vorbacken. Anschließend den Ofen auf 200 °C herunterschalten und weitere 20–25 Minuten backen.

3-Pauly-Kräuterrahmbrot

400 g 3-Pauly-Mehlmischung für Brot
40 g Frischhefe
200 ml lauwarmes Wasser
1 Ei
2–3 EL Öl
150 g saure Sahne
1 Prise Salz
3 EL Schnittlauch
3 EL Petersilie
1 Messerspitze gemahlene Nelken

Das Mehl in eine Schüssel geben, eine Mulde bilden und die im lauwarmen Wasser aufgelöste Hefe in die Mulde gießen. 10 Minuten ruhen lassen und nach und nach die restlichen Zutaten einrühren.
Mit dem Knethaken 5–10 Minuten kräftig kneten, den Teig in eine gefettete Kastenform füllen und bei 225 °C etwa 50 Minuten backen.

Knuspertoast

100 g Hirse
25 g Butter
2 EL Mohnsamen
300 g damin® glutenfrei
30 g Frischhefe
2 EL brauner Zucker
1 TL Salz
1 Eigelb
100 ml süße Sahne
100 ml Wasser, lauwarm

Die Hirse in einem Sieb mit 1 Liter kochendem Wasser übergießen und abtropfen lassen.
Die Butter in einer Pfanne erhitzen, Mohnsamen und Hirse dazugeben und 2–3 Minuten unterrühren und anbraten.
Die Backmischung in eine Schüssel füllen, Hefe darüber bröckeln, Zucker, Salz und Eigelb darüber verteilen.
Die Sahne und lauwarmes Wasser mischen und alles 3 Minuten mit dem Rührgerät kneten.
Den Pfanneninhalt dazugeben und weitere 2 Minuten kneten.
Den Teig in eine gefettete 26 cm lange Kastenform füllen und zugedeckt an einem warmen Ort gehen lassen. Bei 180 °C etwa 40 Minuten auf der unteren Schiene backen.

Gutena-Brot

500 g Gutena Mehlmischung
15 g Butter
20 g Frischhefe
1 Eigelb
400 ml Wasser

Die Hefe in warmem Wasser auflösen, dem Mehl Hefe, Butter und Eigelb zugeben. Alles zu einem lockeren Teig verarbeiten und etwa 30 Minuten bei 25 °C gehen lassen.
Danach gut rühren und etwa 5 Minuten in einer Backform gehen lassen. Bei 220–250 °C etwa 30 Minuten backen.

- Variante: Mehl, Eigelb, Fett, Zucker oder Trockenfrüchte verfeinern den Geschmack.

Kastanienbrot mit Trockensauerteig

500 g Hammermühle Mehl-Mix hell
50 g Kastanienmehl *(Hammermühle)*
50 g Trockensauerteig *(Hammermühle)*
1 kleiner Beutel Trockenhefe
1 El Zucker
1–2 TL Salz
500 ml lauwarmes Wasser / Milch / Buttermilch
50 ml flüssiges Fett (z. B. Öl oder zerlassene Butter)
etwas flüssiges Fett zum Bestreichen

Etwa ein Viertel der Mehlmischung beiseitestellen.
Mehl-Mix hell, Trockensauerteig, Kastanienmehl, Trockenhefe, Salz und Zucker vermischen. Mit einem Knethaken die Flüssigkeit und das Fett unterarbeiten.
Gut verkneten, bis ein glatter Teig entsteht. Die Schüssel abdecken und an einem warmen Ort etwa 30 Minuten gehen lassen.
Das restliche Mehl unterkneten, bis der Teig nicht mehr klebt. Den Teig in eine gefettete Kastenform füllen und mit Wasser bestreichen. Abgedeckt nochmals 30 Minuten gehen lassen.
Den Backofen auf 220 °C vorheizen. Den Teig mit flüssigem Fett bestreichen und die Oberfläche einschneiden. In den Backofen schieben und auf 200 °C zurückschalten. Während des Backens öfter mit Wasser bestreichen.
Auf der unteren Schiene im E-Herd bei 200 °C etwa 50–60 Minuten backen.
Das Brot vor dem Anschnitt auf einem Gitter abkühlen lassen.

Quarkbrot oder -brötchen

500 g Hammermühle Mehl-Mix hell
200 ml lauwarmes Wasser
1 Päckchen Trockenhefe
250 g Magerquark
1 EL Zucker
1–2 TL Salz

100 g Mehl mit Hefe und Wasser zu einem Vorteig anrühren und die abgedeckte Schüssel etwa 15 Minuten ruhen lassen.

Die restlichen Zutaten hinzufügen und den Teig zunächst mit einem Knethaken und später mit den Händen kräftig kneten.
Einen Brotlaib oder Brötchen formen und auf ein mit Backpapier ausgelegtes Blech legen. Die Oberfläche mit Wasser bestreichen. Etwa 30 Minuten abgedeckt gehen lassen.
Den Ofen auf 250 °C vorheizen
Die Teigoberfläche mit Milch oder Öl bestreichen und einschneiden. Das Blech auf die untere Schiene des Ofens schieben, auf 200 °C zurückstellen und etwa 50–60 Minuten backen.

Süßes Frühstücksbrot

250 g Toseno Fertigmehl
250 g Magerquark
2 Eier
30 g Margarine oder Butter
20 g Sirup
50 g Zucker
75 g Zitronat oder Orangeat
50 g abgezogene, gehackte Mandeln
150 g Rosinen
abgeriebene Schale von 1 Zitrone
30 g Frischhefe
150 ml Wasser (30 °C)

Mehl, Quark, Fett, Eier, Sirup, Zucker und die abgeriebene Zitronenschale in eine Rührschüssel geben. Die Hefe in Wasser lösen und dazugeben. Alles etwa 8 Minuten zu einem glattem Teig verarbeiten. Zum Schluß Mandeln, Zitronat oder Orangeat und Rosinen unterrühren.
Den Teig in eine gefettete Kastenform füllen, glattstreichen und an einem warmen Ort etwa 40 Minuten gehen lassen.
Den Backofen auf 210 °C vorheizen und 50–60 Minuten backen.

Gutena-Kuchenbrot

200 g Gutena Mehlmischung
20 g Hefe
30 g Margarine
40 g Zucker
30 g Quark
1 Ei
160 ml Wasser oder Milch

Die Hefe in warmem Wasser auflösen, Hefe, Margarine, Zucker und Eigelb zum Mehl geben. Alles zu einem lockeren Teig verarbeiten und etwa 30 Minuten bei 25 °C gehen lassen.
Danach gut rühren und etwa 5 Minuten in der Backform gehen lassen. Bei 220–250 °C etwa 45 Minuten backen.

Delfs Kuchenbrot

1000 g Delfs Mehl
1–1,3 l Wasser
200 g Zucker
15 g Salz
50–100 g Pflanzenfett
30–45 g Backpulver oder 50 g Frischhefe

Alle Zutaten 5–10 Minuten zu einem glatten Teig verarbeiten und in eine gefettete Backform füllen. Bei der Verwendung von Hefe muß der Teig etwa 1 Stunde gehen.
Bei etwa 45 Minuten 200 °C abfallend auf 180 °C backen.

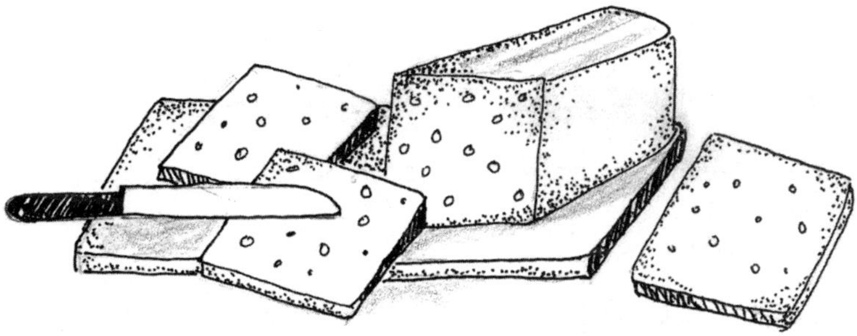

Brötchen

3-Pauly-Brötchen

500 g 3-Pauly-Mehlmischung für Brot
40 g Frischhefe
350 ml lauwarmes Wasser
1 Prise Salz

Das Mehl in eine Schüssel geben, eine Mulde bilden und die in etwas lauwarmem Wasser aufgelöste Hefe in die Mulde gießen. 10 Minuten ruhen lassen und nach und nach die restlichen Zutaten einrühren.
Mit dem Knethaken 5–10 Minuten kräftig kneten, etwa 12 Brötchen formen, 40–50 Minuten gehen lassen und bei 220 °C, 25–30 Minuten backen.

Vollkornbrötchen

300 g Mehlmischung *(KulturGut Alte Schmiede)*
270 ml Wasser
3 g Guarkernmehl
3 g Salz
10 g Trockenhefe
½ Tasse Sesamsaat
½ Tasse Sonnenblumenkerne

Leider kann man ohne chemische Zutaten keine richtigen Brötchen »freigeschoben« backen. Ich empfehle, eine Muffinbackform zu verwenden.
Das Rezept ist genau wie die Brotrezepte. Nur füllen Sie den Teig statt in eine Kastenform in die Kuhlen einer Muffinbackform.

Antjes Quarkbrötchen

250 g Mehlmischung *(KulturGut Alte Schmiede)*
250 g Quark
3 g Guarkernmehl
3 g Salz
9–10 g Trockenhefe

Am Vorabend den Teig herstellen und im Kühlschrank gehen lassen.
Morgens Brötchen formen, auf einem Backblech verteilen und im vorgeheizten Ofen etwa 15 Minuten backen.
Die Brötchen müssen noch warm gegessen werden.

Antjes schnelle Quarkbrötchen

250 g Mehlmischung *(KulturGut Alte Schmiede)*
250 g Quark
3 g Guarkernmehl
3 g Salz
½ Beutel Backpulver

Aus allen Zutaten einen Teig rühren, Brötchen formen, auf einem Backblech verteilen und im vorgeheizten Ofen etwa 15 Minuten backen.
Die Brötchen müssen noch warm gegessen werden.

Toseno-Brötchen

500 g Toseno Fertigmehl
25 g Sirup
450 ml Wasser, handwarm, etwa 30 °C
25 g Margarine/Butter
20 g Frischhefe
4 EL Zitronensaft
1 Ei

Aus allen Zutaten einen Teig rühren und vor dem Gehenlassen in 100-g-Stücke formen.
40 Minuten auf einem gefetteten Backblech gehen lassen und im vorgeheizten Ofen auf der unteren Schiene bei 250 °C 10 Minuten vorbacken.
Anschließend den Ofen auf 200 °C herunterschalten und weitere 15–20 Minuten backen.
Die Brötchen aus den Formen nehmen und auf einem Gitterrost auskühlen lassen.

Toseno Partybrötchen

500 g Toseno Fertigmehl
450 ml Wasser, handwarm, etwa 30 °C
25 g Margarine/Butter
20 g Frischhefe
4 EL Zitronensaft
1 Ei

Aus allen Zutaten einen Teig rühren, in 100-g-Stücke formen und 40 Minuten auf einem gefetteten Backblech gehen lassen.
Im vorgeheizten Ofen auf der unteren Schiene 10 Minuten bei 250 °C vorbacken.
Anschließend den Ofen auf 200 °C herunterschalten und weitere 15–20 Minuten backen.
Die Brötchen aus den Formen nehmen und auf einem Gitterrost auskühlen lassen.

Ergänzung nach Geschmack: etwa 100 g feingewürfelter durchwachsener Speck oder etwa 30 g Röstzwiebeln oder etwa 10 g Curry, Pfeffer, Paprika oder 20 g Kümmel.
Teigzubereitung und Backen wie oben beschrieben.

Kuchen

Grundrezept

500 g Reismehl *(KulturGut Alte Schmiede)*
400 ml Milch
1 Ei
etwa 150 g Zucker (abschmecken)
5 g Guarkernmehl
3 g Salz
1 Tasse Nüsse
1 Tasse Rosinen
1 Beutel Backpulver

Für den Backofen:
Alle Zutaten in einer Rührschüssel mit einem Mixer 5 Minuten verrühren. Der Teig hat in der Konsistenz Ähnlichkeit mit einem Rührteig. Den Teig in eine Backform füllen und bei 180 °C etwa 60 Minuten backen.

Für den Brotbackautomaten:
Alle Zutaten in den Automat füllen, auf »Teig« stellen, starten und nach ein paar Minuten kontrollieren, ob der Teig einen Strudel bildet.
Nach 10 Minuten die Rosinen dazugeben, weitere 2 Minuten rühren lassen und ausschalten.
Den Teig mit einem Löffel glatt rühren, den Automat auf »Backen« stellen und starten. Nach 50 Minuten Backzeit schaltet der Automat aus. Nach weiteren 30 Minuten Abkühlzeit kann der Kuchen entnommen werden.

Marmorkuchen

500 g Reismehl *(KulturGut Alte Schmiede)*
400 ml Milch
1 Ei
etwa 150 g Zucker (bei Carob 100 g)
5 g Guarkernmehl
3 g Salz
1 Beutel Backpulver
½ Tasse Kakaopulver (oder Carob)
3–5 EL Milch
50 g Zucker für den Kakao (nicht bei Carob)

Außer dem Kakao und der kleinen Milchmenge alle Zutaten in einer Rührschüssel mit einem Mixer 5 Minuten verrühren. Der Teig hat in der Konsistenz Ähnlichkeit mit einem Rührteig.
Die Hälfte des Teigs entnehmen und mit dem Kakao, den 50 g Zucker und der kleinen Milchmenge verrühren.
Die Hälfte des hellen Teigs in eine Backform geben, die braune Teigmenge darüber verteilen und den Rest des hellen Teigs darüberstreichen. Bei 180 °C etwa 60 Minuten backen.

Feiner Marmorkuchen

500 g Kuchenmix Dr. Schär
125 g weiche Butter
5 Eier
60 ml Milch
1 EL Kakaopulver
1 EL lauwarme Milch

Alle Zutaten, außer dem Kakaopulver und der Milch, in eine Schüssel geben und mit dem Rührgerät etwa 5 Minuten auf höchster Stufe zu einer cremigen Masse verarbeiten.
Den Teig teilen und eine Hälfte mit Kakaopulver und Milch gut verrühren. Der helle und der dunkle Teig müssen die gleiche Konsistenz haben. Beide Teige abwechselnd in eine gefettete, bemehlte Form geben und mit einer Gabel spiralförmig unterheben.
Den Kuchen im vorgeheizten Ofen bei 180 °C etwa 45 Minuten backen. Auf einem Gitter abkühlen lassen und mit vanilliertem Staubzucker bestäuben.

Schokoladenkuchen

500 g Reismehl *(KulturGut Alte Schmiede)*
400 ml Milch
1 Ei
etwa 100 g Zucker
5 g Guarkernmehl
3 g Salz
1 Beutel Backpulver
2 Tafeln Schokolade

Außer der Schokolade alle Zutaten in einer Rührschüssel mit einem Mixer 5 Minuten verrühren. Der Teig hat in der Konsistenz Ähnlichkeit mit einem Rührteig.
Eine Tafel Schokolade mit einem Brotmesser grob zerkleinern und in den Teig einrühren.
Diesen dann in eine Backform füllen und bei 180 °C etwa 60 Minuten backen.
Die 2. Tafel Schokolade in einem Wasserbad schmelzen und den lauwarmen Kuchen damit bestreichen.

Hefe-Rosinenbrot

500 g Reismehl oder Mehlmischung *(KulturGut Alte Schmiede)*
3 EL Haselnußmehl *(KulturGut Alte Schmiede)*
5 g Guarkernmehl
20 g Trockenhefe
3 TL Salz
100 g Zucker
etwa 350 ml Milch
70 ml Sonnenblumenöl
2 EL Tahin (Sesammus)
2 Tassen Rosinen
1 Tasse Sesam

Alle Zutaten außer den Rosinen zu einem Rührteig verarbeiten.
Diesen mit einem Handtuch abdecken und etwa 1–1½ Stunden gehen lassen.
Danach den Teig mit den hinzugegebenen Rosinen erneut kurz verrühren und in eine Backform füllen.
Den Backofen einschalten und bei 180 °C etwa 60 Minuten goldbraun backen.

Rosinenknoten

150 g Magerquark
100 ml Milch
100 ml Pflanzenöl
75 g Zucker
1 Päckchen Vanillezucker
1 Prise Salz
300 g damin® glutenfrei
1 Päckchen Backpulver
75 g Rosinen
zum Kneten: damin® glutenfrei
zum Bestreichen: 1 Eigelb, Kondensmilch

Alle Zutaten außer den Rosinen zu einem Teig verarbeiten. Wenn der Teig stark klebt, etwas Mehl unterkneten. Der Teig darf allerdings nicht trocken werden.
Aus dem Teig eine Rolle formen, diese in etwa 12 Teile teilen und jedes Stück zu einer etwa 20 cm langen Rolle formen. Diese Rollen als Knoten auf ein gefettetes Backblech legen und mit Eigelbmilch bestreichen. 10 Minuten

ruhen lassen und im vorgeheizten Backofen bei 185 °C etwa 15 Minuten backen.

Joghurt-Marzipan-Schnecken

Mürbeteig:

275 g damin® glutenfrei
1 Msp. Backpulver
50 g Zucker
1 Päckchen Vanillezucker
1 Prise Salz
3 Tropfen Butter-Vanille-Aroma
1 Eigelb
100 g Joghurt, 3,5% Fett
150 g Butter

Das Mehl auf einer Arbeitsfläche verteilen. Backpulver, Zucker, Vanillezucker und Salz darüber verteilen, eine Mulde bilden, Aroma, Eigelb, Joghurt und Butter in diese Mulde füllen und alles rasch verkneten. 1 Stunde kalt stellen.
Den Teig auf Mondamin zu einem Rechteck (30 mal 40 cm) ausrollen und mit Eiweiß bestreichen.

Füllung:

150 g Marzipan-Rohmasse
zum Bestreichen: 1 Eiweiß
für den Rand: 75 g gehackte Mandeln
zum Bestreichen: 3 EL Aprikosenkonfitüre
1 EL Wasser

Die Marzipan-Rohmasse gut durchkneten und zwischen zwei Klarsichtfolien ebenfalls zu einem Rechteck (30 mal 40 cm) ausrollen und ohne Folie auf den Teig legen.
Beides zusammen von der breiten Seite (40 cm) her aufrollen, mit Eiweiß bestreichen und in den gehackten Mandeln kräftig rollen.
Diese Rolle 1 Stunde kalt stellen, anschließend in 1 cm dicke Scheiben schneiden, auf einem Backblech verteilen und bei 175 °C etwa 25 Minuten backen.
Die Aprikosenkonfitüre mit Wasser etwas einkochen lassen. Die noch warmen Schnecken damit bestreichen.

Brownies

120 g Reismehl *(KulturGut Alte Schmiede)*
2 g Guarkernmehl
4 Eier
350 g Vollrohrzucker
90 g Butter
400 g Zartbitterschokolade
2 EL Wasser
150 g Walnußkerne

Eier und Zucker schaumig schlagen.
Die Schokolade mit der Butter und dem Wasser in einem Wasserbad schmelzen und unter den Eischaum rühren. Das Mehl und zum Schluß die Walnüsse unterziehen.
Die Teigmasse auf ein mit Backpapier belegtes Blech legen und bei etwa 180 °C rund 20 Minuten backen.
Nach Bedarf mit einer Schokoladenglasur bestreichen und mit halben Walnüssen belegen.
Nach dem Erkalten in Quadrate schneiden.

Kirschkuchen

1 Glas Sauerkirschen
125 g Butter oder Margarine
125 g Zucker
1 Päckchen Vanillezucker
1 Prise Salz
2 Eier
125 g damin® glutenfrei
½ Päckchen Backpulver
125 g gemahlene Mandeln
1 Msp. gemahlene Nelken
2 EL Milch
1 EL Kirschwasser

Die Kirschen zum Abtropfen in ein Sieb schütten.
Das Fett schaumig rühren, nach und nach Zucker, Vanillezucker, Salz und Eier dazugeben. Das Mehl mit Backpulver, Mandeln und Nelken mischen und abwechselnd Milch und Kirschwasser unterheben.

Den Teig in eine gefettete Springform füllen und bei 180 °C 30–40 Minuten backen.

Dattelkuchen

500 g Reismehl *(KulturGut Alte Schmiede)*
etwa 600 ml Milch
1½ Beutel Backpulver
1 TL Salz
etwa 300 g getrocknete Datteln aus Nordafrika

Aus Mehl, Backpulver, Milch und Salz einen Teig kneten. (Guarkernmehl ist nicht notwendig, da die Datteln kleben.)
Die Datteln so klein wie möglich schneiden oder besser durch einen Fleischwolf drehen und kurz vor dem Backen dazukneten. Datteln aus Kalifornien sind zu klebrig und für dieses Rezept ungeeignet.
In einer Kastenform etwa 60 Minuten bei 180 °C backen.

Zwetschenkuchen

Der Teig:

500 g Reismehl oder Mehlmischung *(KulturGut Alte Schmiede)*
5 g Guarkernmehl
150 g Vollrohrzucker
400 ml Milch
50 ml Sonnenblumenöl
20 g Trockenhefe
1 TL Salz

Belag und Streusel:

2–3 kg Zwetschen
100 g Butter
100 g Vollrohrzucker
100 g feines Reismehl *(Hammermühle, KulturGut Alte Schmiede)*
1 g Guarkernmehl

Aus Mehl, Hefe, Milch, Öl und Salz einen Teig kneten und 1–1½ Stunden aufgehen lassen.

Den Teig kurz durchkneten, auf einem Backblech verteilen, mit den Zwetschen belegen und 15 Minuten ruhen lassen.
Aus weicher Butter, die nicht aufgelöst wurde, Mehl, Guarkernmehl und Zucker am besten mit den Händen einen bröseligen Teig (Streusel) herstellen.
Die Streusel auf den Zwetschen verteilen, den Kuchen in den Backofen schieben und bei 180 °C etwa 50 Minuten backen.

Gugelhupf

250 g Brotmix Dr. Schär, Mix B
1 kleiner Beutel Trockenhefe oder 20 g Frischhefe
80 g Butter
100 ml Wasser
130 g Zucker
3 Eier
80 g kandierte Früchte
150 g Rosinen
Vanillezucker
abgeriebene Schale von 1 Zitrone
3–4 EL Rum

Die Rosinen waschen und mit den kandierten Früchten ½ Stunde in Rum ziehen lassen.
Das Mehl in eine Rührschüssel geben, Butter, Eier, Zucker, Vanillezucker, Wasser und die in etwas Wasser aufgelöste Hefe dazugeben und alles zu einem glatten Teig verarbeiten.
Die Rosinen und kandierten Früchte abtrocknen, leicht mit Mix B bestäuben und zum Teig geben.
Den Teig in eine gefettete und bemehlte Gugelhupfform geben und an einem warmen Ort etwa 1–2 Stunden gehen lassen.
Im vorgeheizten Backofen bei 170 °C etwa 50 Minuten backen.
Auf einem Kuchengitter abkühlen lassen und mit Puderzucker bestäuben.

Gutena-Sandtorte

500 g Gutena Mehlmischung
200 g Margarine
200 g Zucker
3 Eier
3 g Backpulver
Zitronen- oder Vanillearoma

Zucker und Margarine schaumig rühren, danach die Eier und das Aroma dazugeben und schaumig rühren.
Das mit Backpulver vermischte Mehl dazugeben.
Die fertige Masse in eine mit Pergamentpapier ausgelegte Königskuchenform geben und 50–60 Minuten bei mittlerer Hitze backen.

Gutena-Obstkuchen

(Quark-Ölteig)
60 g Gutena Mehlmischung
30 g Quark
15 g Zucker
3 g Backpulver
1–1½ EL Milch
1–1½ EL Öl
⅓ Päckchen Vanillinzucker
Belag: frisches oder eingewecktes Obst oder Streusel

Quark mit Milch und Öl verrühren, Vanillin und Zucker dazugeben und nach und nach das mit dem Backpulver vermischte Mehl dazugeben.
Den Teig auf einem Backblech verstreichen und mit Belag nach Belieben belegen. Bei mittlerer Hitze 15–20 Minuten backen.
Backwaren aus Quark-Ölteig sind mit Hefeteig vergleichbar, jedoch weniger zeit- und arbeitsaufwendig.

Mürbeteig für Obstkuchen und Törtchen

200 g Hammermühle Mehl-Mix hell
1 Ei
80 g Zucker
1 Päckchen Vanillezucker
100 g Butter oder Margarine
etwas Hammermühle Paniermehl oder geriebene Nüsse
Obst nach Belieben

Das Mehl auf die Arbeitsfläche häufeln, eine Kuhle bilden, Ei, Zucker und den Vanillezucker in die Kuhle geben. Kaltes Fett auf dem Mehlrand verteilen. Mit einem großem Messer alles »durchhacken«.
Die Brösel mit kalten Händen zu einem glatten Teig verkneten.
Den Backofen auf 200 °C vorheizen.
Die Spring- oder Tortelettformen einfetten, den Teig reindrücken und einen kleinen Rand bilden. Den Teigboden mit Paniermehl oder geriebenen Nüssen bestreuen. Das Obst auf dem Teigboden verteilen.
Auf der mittleren Schiene bei 200 °C etwa 30 Minuten backen.

Bananenkuchen

200 g Butter
250 g Zucker
1 Päckchen Vanillezucker
4 Eier
250 g Minderleinsmühle Mehl-Mix
½ Päckchen Backpulver
1– 1½ Bananen
etwas Minderleinsmühle Mehl-Mix

Butter und Zucker schaumig schlagen, die Eier dazugeben und das mit dem Backpulver vermischte Mehl einrühren.
Die Bananen mit einer Gabel zerdrücken und mit etwas Mehl vermengen.
Teig und Bananen vermischen, in eine Backform füllen und bei 180 °C etwa 50 Minuten backen.

Obstkuchenboden

100 g Butter
60 g Zucker
3 Eier
150 g 3-Pauly-Mehlmischung für Kuchen
½ Päckchen Backpulver

Butter und Zucker schaumig rühren und die Eier nach und nach dazugeben. Das Backpulver mit der Mehlmischung verrühren und unterrühren.
Die Masse in eine gefettete und bemehlte Backform geben und bei 175 °C etwa 30 Minuten backen.

Streuselkuchen mit Sonnenblumenkernen

Der Teig:

500 g Reismehl oder Mehlmischung *(KulturGut Alte Schmiede)*
150 g Vollrohrzucker
350 ml Milch
1 Ei
50 ml Sonnenblumenöl
1 Tasse Sonnenblumenkerne
4–5 EL Mandel- oder Haselnußmus
20 g Trockenhefe
1 TL Salz

Die Streusel:

300 g Butter
300 g Vollrohrzucker
250 g Reismehl
50 g Haselnußmehl *(KulturGut Alte Schmiede)*
3 g Guarkernmehl
100 g Sonnenblumenkerne

Aus den Teigzutaten den Teig kneten und 1–1½ Stunden aufgehen lassen.
Den Teig auf einem Backblech verteilen und 15 Minuten ruhen lassen.
Aus weicher, nicht aufgelöster Butter, Mehl, Haselnußmehl, Guarkernmehl und Zucker einen bröseligen Streuselteig herstellen.

Die Streusel auf dem Teig verteilen, den Kuchen in den Backofen schieben und bei 180 °C etwa 50 Minuten backen.

Nußkranz

Nußteig:

150 g Butter
200 g Zucker
2 EL Öl
250 g 3-Pauly-Mehlmischung für Kuchen
½ Päckchen Backpulver
125 g gemahlene Nüsse
½ Tasse Milch
1 Fl. Zitronenaroma
6 Eiweiß

Butter und Zucker schaumig rühren, das Öl dazugeben und alle weiteren Zutaten außer dem Eiweiß unterrühren.
Zum Schluß das Eiweiß steif schlagen und unterheben.

Heller Teig:

150 g Butter
150 g Zucker
6 Eigelb
1 Päckchen Vanillezucker
2 EL Öl
250 g 3-Pauly-Mehlmischung für Kuchen
½ Päckchen Backpulver
½ Tasse Milch

Butter, Zucker, Eigelb und Vanillezucker schaumig rühren.
Das Öl zufügen und das vorher mit Backpulver vermischte Mehl unterrühren. Die Milch dazugeben.
Die Springform mit Kranzeinsatz gut einfetten, etwas hellen Teig, dann Nußteig und wieder hellen Teig einfüllen, mit einer Gabel leicht verrühren und bei 175 °C etwa 55 Minuten backen.

Käsekuchen

Boden:

100 g Butter
100 g Zucker
4 Eigelb
1–2 EL Öl
170 g 3-Pauly-Mehlmischung für Kuchen
½ Päckchen Backpulver
50 ml Milch

Butter, Zucker und Eigelb schaumig schlagen, das Öl dazugeben und das mit dem Backpulver vermischte Mehl und die Milch unterrühren.
Den Teig in eine gefettete Springform drücken und bei 175 °C etwa 30 Minuten anbacken.

Belag:

750 g Quark
4 Eigelb
150 g Zucker
½ Tasse Öl
½ Tasse Sahne
30 g Maisstärke
4 Eiweiß
Rum oder Zitrone nach Geschmack

Alle Zutaten außer dem Eiweiß verrühren, das Eiweiß schaumig schlagen und unterrühren.
Mit Rum oder Zitrone abschmecken, auf dem angebackenen Boden verteilen und nochmal 70 Minuten bei 175 °C backen.

Stollen

750 g Minderleinsmühle Mehl-Mix
60 g Hefe
¼ l Milch
130 g Rohrohrzucker
1 TL Salz
6 Eier
150 g Butter
125 g Zitronat
125 g Orangeat
300 g Rosinen
200 g Mandeln
Rum, Zimt, Piment, Nelken

Aus Mehl-Mix, Hefe, Zucker und Milch einen Vorteig bereiten.
Salz, Eier, Butter und Gewürze dazugeben und zu einem Teig kneten. Zitronat, Orangeat, Rosinen und Mandeln unterheben.
Den Teig gehen lassen, zu einem Stollen formen und bei 180 °C etwa 40 Minuten backen.

Peters Dresdener Stollen

500 g Reismehl *(KulturGut Alte Schmiede)*
5 g Guarkernmehl
40 g Frischhefe
100 g Traubenzucker
190 g Margarine oder Butter
½ Fl. Bittermandelaroma
100 g Korinthen
100 g Rosinen
100 g Orangeat
100 g Zitronat
100 g gemahlene Mandeln
geriebene Schale von 1 ungespritzten Zitrone
etwas Salz
1 TL Zimt
1 Msp. Kardamompulver
1 Msp. Nelkenpulver
125 ml Milch

Aus allen Zutaten einen Hefeteig herstellen, gut durchkneten und etwa 15 Minuten ruhen lassen.
Den Teig in eine vorgefettete Kastenform füllen und noch mal etwa 20 Minuten gehen lassen.
Den Teig mit flüssiger Butter bestreichen und bei 190 °C etwa 60–80 Minuten backen.
Nach dem Backen den Stollen erneut mit flüssiger Butter bestreichen und mit Puderzucker bestreuen.

Delfs Rosinenkuchen oder Stuten

Teig:

- 1000 g Delfs Mehl
- 60 g Backpulver
- 400 g Zucker
- 10 g Salz
- 300 g Wasser
- 250 g Butterfett
- 500 g Quark
- 8 Eier

zum Einrühren:

- 750 g Rosinen
- 150 g gemahlene Mandeln
- 100 g Zitonat
- 100 g Orangeat

zum Bestreichen:

- 1 EL Wasser
- 1 EL Aprikosenmarmelade

Die Teigzutaten 5–10 Minuten zu einem glatten Teig verarbeiten, die restlichen Zutaten einrühren und in eine gefettete Backform füllen.
Bei 200 °C etwa 45 Minuten abfallend auf 180 °C backen.
Die Aprikosenmarmelade mit dem Wasser etwas einkochen lassen und den noch heißen Kuchen damit bestreichen.

Waffeln

Grundrezept

300 g Mehlmischung *(KulturGut Alte Schmiede)*
3 g Guarkernmehl
250 ml Wasser, Sojatrunk oder Milch
1 Prise Salz
½ Beutel Backpulver

Belag:
Ahornsirup, Marmelade, Käse, Wurst oder Brotaufstrich

Alle Zutaten (außer dem Belag) zu einem Teig verrühren und im Waffeleisen zu Waffeln backen. Dafür einen großen Löffel Teig in das heiße Waffeleisen füllen, das Eisen schließen und ein paar Minuten backen. Die Backzeit ist abhängig von der Teigmenge und der Temperatur des Waffeleisens.
Mit Belag bestreichen und warm genießen.

Waffeln mit Ei

300 g Mehlmischung *(KulturGut Alte Schmiede)*
3 g Guarkernmehl
½ Beutel Backpulver
200 ml Milch
1 Ei
1 Prise Salz
50 g Vollrohrzucker
¼ Tasse Sesam

Aus Mehl, Guarkernmehl, Backpulver, Milch, Ei, Salz und Zucker einen Teig rühren.
Das Waffeleisen vorheizen. 1 Eßlöffel Sesam in das Waffeleisen streuen und einen großen Löffel Teig dazugeben, das Eisen schließen und ein paar Minuten backen.
Die Backzeit ist abhängig von der Teigmenge und der Temperatur des Waffeleisens.

Waffeln nach Hausmannsart

250 g Butter
100 g Zucker
1 Päckchen Vanillezucker
4 Eier
1 Fl. Butter-Vanille-Aroma
200 g Hammermühle Mehl-Mix hell
(oder 150 g Hammermühle Mehl-Mix und 50 g Kartoffelstärke)
1 Prise Salz
170 ml Kondensmilch
etwas Fett für das Waffeleisen
etwas Puderzucker zum Bestäuben

Die Butter schaumig rühren, Zucker und Vanillezucker eßlöffelweise hinzufügen und verrühren, bis der Zucker gelöst ist.
Die Eier einzeln unterrühren, das Aroma hinzufügen und das Waffeleisen aufheizen.
Mehl und Salz mischen. Abwechselnd mit Kondensmilch unter die Eischaummasse rühren und den Teig portionsweise im leicht gefetteten Waffeleisen goldbraun backen.
Die Waffeln mit Puderzucker bestäuben.

- Variante: Einen geriebenen Apfel unter den Teig mischen und Puderzucker mit Zimt mischen.

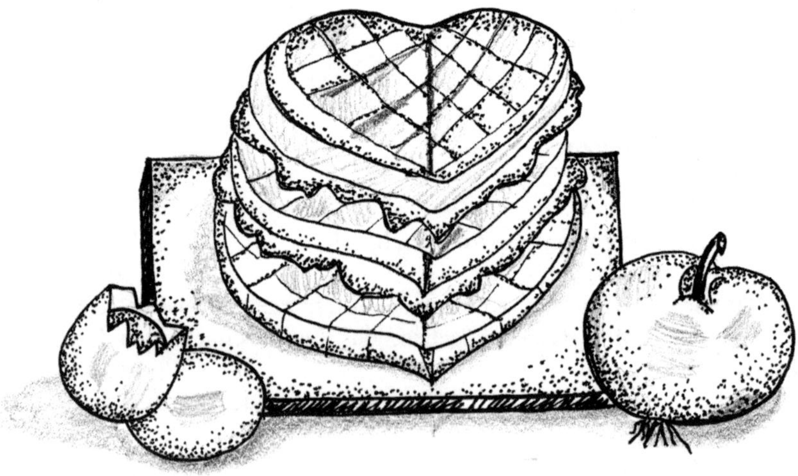

Kleingebäck

Vanillekipferl

200 g Reismehl *(KulturGut Alte Schmiede)*
2 g Guarkernmehl
180 g Butter
50 g Vollrohrzucker
100 g gemahlene Mandeln
¼–½ TL echte Vanille
1 Messerspitze Backpulver

Die weiche Butter und alle restlichen Zutaten zu einem Teig kneten und etwa 1 Stunde ruhen lassen.
Mit den Händen mehrere 1–2 cm dicke »Würste« rollen, diese in 4 cm lange Stücke schneiden, zu Halbmonden formen und bei 180 °C goldbraun backen.

Erdnußkekse

Besonders beliebt sind diese Kekse im »Erdnußland« USA; von dort habe ich dieses Rezept mitgebracht und glutenfrei abgewandelt.

½ Tasse ungesalzene Erdnüsse
125 g Butter
2 Eier
150 g Zucker
1 kleines Glas Erdnußmus
¼ TL Vanille oder 1 Beutel Vanillezucker
300 g Reismehl *(KulturGut Alte Schmiede)*
3 g Guarkernmehl
1 EL Backpulver
1 TL Salz

Die Erdnüsse mit einem großen Messer auf einem Brett etwas zerkleinern. Sollten die Erdnüsse gesalzen sein, dem Teig kein Salz zufügen.
Die Butter mit den Eiern und dem Zucker cremig schlagen und die restlichen Zutaten einrühren.

Mit den Händen Kugeln formen und in großen Abständen auf ein Backblech verteilen. Mit einer Gabel etwas flacher drücken und im vorgeheizten Backofen bei 180 °C hellbraun backen.
Die Plätzchen werden ganz flach und schmecken besonders Erdnußfans.

Mandelhäufchen

4 Eiweiß
2 TL Zimt
100 g Zucker
200 g gemahlene Mandeln
Oblaten *(Hammermühle)*

Das Eiweiß schaumig schlagen, Zucker und Zimt einrühren und die gemahlenen Mandeln dazugeben.
Auf Oblaten verteilen und bei 130–150 °C etwa 20–35 Minuten eher trocknen als backen.

Kokosmakronen

3 Eiweiß
250 g Puderzucker
250 g Kokosraspel
1 Msp. Vanille
1 Prise Salz
Oblaten *(Hammermühle)*

Das Eiweiß schaumig schlagen und den Zucker einrühren.
Die restlichen Zutaten nach und nach unterrühren, kleine Häufchen auf die Oblaten setzen und bei 150 °C etwa 50 Minuten backen.

Elisenlebkuchen

500 g Eiweiß
440 g Rohrohrzucker
520 g geröstete und geriebene Mandeln
200 g geröstete und geriebene Haselnüsse
20 g Zitronat
20 g Orangeat
30 g Aprikosenmarmelade
70 g Marzipan
34 g Lebkuchengewürz
8 g Hirschhornsalz
20 g Maisstärke
40 g Sojamehl *(Minderleinsmühle)*
40 g Reismehl *(Minderleinsmühle)*
20 g Wasser
Oblaten *(Hammermühle)*
Glasur: Zartbitterkuvertüre

Eiweiß und Zucker zu einem steifen Eischnee schlagen.
Aus den restlichen Zutaten einen Teig herstellen und den Eischnee unterheben.
Den Teig auf Oblaten streichen, über Nacht trocknen lassen und bei 175 °C etwa 20–25 Minuten backen.
Nach dem Abkühlen mit Zartbitterkuvertüre bestreichen

Löffelbiskuits

6 Eier
125 g Zucker
130 g Minderleinsmühle Mehl-Mix

Die Eier trennen und jeweils die Hälfte des Zuckers zum Eiweiß und Eigelb geben und beides getrennt schaumig schlagen.
Die Eiweißmasse unter die Eigelbmasse heben und das Mehl vorsichtig unterheben.
Mit einem Spritzbeutel Löffelbiskuits auf ein mit Backpapier belegtes Backblech spritzen, mit Puderzucker bestäuben und bei 175 °C etwa 10 Minuten backen.

Gutena-Teegebäck

250 g Gutena Mehlmischung
3 g Backpulver
125 g Margarine
75 g Zucker
1 Ei
½ Päckchen Vanillinzucker
etwas Kondensmilch

Mehl und Backpulver mischen, alle anderen Zutaten außer der Margarine zu einem dickem Brei verarbeiten, erst dann die Margarine unterkneten. Den Teig ausrollen, mit Formen ausstechen, mit Kondensmilch bestreichen und mit Zucker bestreuen. Bei schwacher bis mittlerer Hitze 5–8 Minuten backen.

Muffins

Muffins werden vor allem in den USA geliebt. Sie sind schöne kleine Portionen, lassen sich gut einfrieren und einzeln entnehmen. Ungesüßter Brotteig läßt sich in Muffinbackformen gut zu »Brötchen« backen.
Die entsprechenden Formen gibt es im Haushaltswarenladen.

Muffins mit Rosinen oder Korinthen

2 Eier
7 EL Sonnenblumenöl
100 ml Milch
250 g Mehlmischung *(KulturGut Alte Schmiede)*
½ Beutel Backpulver
3 g Guarkernmehl
150 g Vollrohrzucker
1 Tasse Rosinen oder Korinthen

Die Eier trennen, das Eiweiß schaumig schlagen und den Zucker unterrühren.

Das Eigelb mit dem Öl und der Milch verrühren und das Mehl, vermischt mit Backpulver und Guarkernmehl, unterrühren.
Zum Schluß die Rosinen oder Korinthen einrühren.
Den Teig in der Muffinbackform verteilen und bei 180 °C etwa 40 Minuten backen.

Muffins mit Schokostücken

300 g Reismehl *(KulturGut Alte Schmiede)*
3 g Guarkernmehl
100 g Vollrohrzucker
10 g Trockenhefe
½ TL Salz
etwa 150–180 ml Milch
1 Ei
etwa 50 ml Sonnenblumenöl
1 Zartbitterschokolade oder Carob-Tafel

Alle Zutaten außer der Schokolade wie oben beschrieben zu einem Teig verkneten und 1–1½ Stunden aufgehen lassen.
Die Schokolade oder Carob-Tafel mit einem großen Messer in Stücke schneiden und in den Teig einrühren.
Den Teig in die Muffinbackform verteilen, im kalten Backofen 15 Minuten aufgehen lassen und bei 180 °C etwa 30–40 Minuten backen.

Fettgebackenes, süß

Besonders wenn unangemeldet Besuch kommt sind diese »Nonnenfürzchen«, wie sie auch oft genannt werden, sehr praktisch, da sie schnell gemacht sind und gut schmecken.

Kugeln mit Mandeln

250 g Reismehl *(KulturGut Alte Schmiede)*
3 g Guarkernmehl
1 Ei
150 ml Milch
1 Prise Salz
½ Päckchen Backpulver
½ Tasse Mandelstifte
Kokos- oder Palmfett

In einer Friteuse das Kokos- oder Palmfett erhitzen.
Aus allen anderen Zutaten einen Teig rühren.
Mit einem in das Fett getauchten Löffel etwas Teig entnehmen und mit Hilfe eines 2. fettigen Löffels in das heiße Fett streifen. Nur so viele Bällchen in die Friteuse legen, daß sie nicht übereinanderliegen.
Sobald die Unterseite hellbraun ist, mit einer Gabel wenden.
Die noch warmen Bällchen schmecken sehr gut mit Ahornsirup, Apfelmus, Pudding oder Sojadessert.

Kugeln mit Zucker und Sesam

250 g Reismehl *(KulturGut Alte Schmiede)*
3 g Guarkernmehl
1 Ei
150 ml Milch
1 Prise Salz
100 g Vollrohrzucker
½ Päckchen Backpulver
2 EL Tahin
½ Tasse Sesam
Kokos- oder Palmfett

In einer Friteuse das Kokos- oder Palmfett erhitzen.
Alle anderen Zutaten zu einem Teig verkneten.
Mit einem in das Fett getauchten Löffel etwas Teig entnehmen und mit Hilfe eines 2. fettigen Löffels in das heiße Fett streifen. Nur so viele Bällchen in die Friteuse legen, daß sie nicht übereinanderliegen.
Sobald die Unterseite hellbraun ist, mit einer Gabel wenden.
Die noch warmen Bällchen schmecken sehr gut mit Apfelmus oder Pudding.

Pfannkuchen

Süßer Pfannkuchen

250 g Reismehl *(KulturGut Alte Schmiede)*
3 g Guarkernmehl
1 Ei
180 ml Milch
50 g Zucker
1 Prise Salz
½ Päckchen Backpulver
Butter oder Öl zum Braten

Außer dem Fett alle Zutaten zu einem Teig verarbeiten und in einer Pfanne mehrere Pfannkuchen daraus backen.
Noch warm mit Apfelmus oder Ahornsirup servieren.

Süßer Pfannkuchen ohne Ei

250 g Reismehl *(KulturGut Alte Schmiede)*
3 g Guarkernmehl
220 ml Sojatrunk oder Milch
50 g Zucker
1 Prise Salz
½ Päckchen Backpulver
1 geriebener Apfel
1 Msp. Zimt
Butter oder Öl zum Braten

Außer dem Fett alle Zutaten zu einem Teig verarbeiten und in einer Pfanne mehrere Pfannkuchen daraus backen.
Noch warm mit Puddingsoße servieren.

Selbstgemachte Nudeln

Grundrezept

100 g Reismehl *(KulturGut Alte Schmiede)*
2 g Johannisbrotkernmehl
1 Ei oder etwa 50 ml Wasser
½ TL Salz
etwa 40 ml Wasser
etwas Mehl, vermischt mit Johannisbrotkernmehl für die Arbeitsfläche

Alle Zutaten zu einem festen Teig verkneten, auf einer bemehlten Arbeitsplatte ausrollen (Nudelholz oder Flasche) und in gewünschte Formen schneiden oder kleine Teigmengen zwischen den Händen zu »Miniwürstchen« rollen.
Eine weitere, ebenfalls sehr schnelle Methode: Den Teig dünn ausrollen, bemehlen, zusammenrollen und mit einem scharfen Messer Stückchen abschneiden.
Die so hergestellten Nudeln können frisch gekocht oder portionsweise tiefgekühlt werden.

Zum Bevorraten eignet sich außer dem Einfrieren das Trocknen auf einem Handtuch oder in einem Dörrgerät. Getrocknete können in einem luftdichten Behälter bis zu 1 Jahr gelagert werden.
Die Kochzeit richtet sich nach der Größe der Nudeln; getrocknete benötigen eine längere Kochzeit.

Dr. Schär Nudelteig

80 g Kuchenmehlmischung Dr. Schär, Mix C
1 Ei
1 EL Maisöl
1 EL Wasser

Alle Zutaten gut vermengen und zu einem festen glatten Teig verarbeiten.
Den Teig durch eine Nudelmaschine pressen, um verschiedene Pastaformen zu erhalten.
Die Pasta in reichlich Salzwasser unter Beifügung von etwas Öl etwa 5 Minuten kochen.

damin-Nudelteig

250 g damin® glutenfrei
1 TL Salz
2 Eier
3 EL Wasser
zum Ausrollen: Mondamin oder Maizena

Mehl und Salz auf eine Arbeitsfläche geben, in die Mitte eine Mulde drücken, Eier und Wasser einfüllen und zu einem glatten Teig verkneten.
Den Teig halbieren und beide Hälften auf Mondamin oder Maizena dünn ausrollen.
Kurz antrocknen lassen und in die gewünschte Form schneiden.
Die Nudeln können auf einem Geschirrhandtuch an der Luft getrocknet oder sofort in kochendem Salzwasser gegart werden.

damin-Spinatnudelteig

100 g gut ausgedrückter Tiefkühlspinat
2 Eier
1 TL Salz
250–300 g damin® glutenfrei
zum Ausrollen: Mondamin oder Maizena

Den Spinat mit Eiern und Salz in einer Schüssel verrühren und mit einem Teil Mehl zu einem dicken Brei verarbeiten.
Den Teig auf eine Arbeitsfläche geben und soviel Mehl unterkneten, bis ein geschmeidiger, nicht klebender Teig entsteht.
Den Teig auf Mondamin oder Maizena dünn ausrollen.
Kurz antrocknen lassen und in die gewünschte Form schneiden.
Die Nudeln können auf einem Geschirrhandtuch an der Luft getrocknet oder sofort in kochendem Salzwasser gegart werden.

Delfs Nudelteig

2,5 kg Reismehl *(Delfs)*
500 g Eier (etwa 10)
etwa 200 g Wasser
20 g Salz

Aus den Zutaten einen streuselähnlichen Teig herstellen, auf einer bemehlten Arbeitsfläche ausrollen oder durch eine Nudelmaschine pressen und auf Handtüchern oder im Dörrgerät trocknen.
Trocken aufbewahren und nach Bedarf kochen. Die Kochzeit richtet sich nach der Größe der Nudeln.

Naschereien, pikant

Viele pikante Naschereien enthalten Geschmacksverstärker oder Aromen, und somit kann Gluten enthalten sein.

Gepuffte Reis- oder Glasnudeln

Bei einer Chinareise hatten wir die Möglichkeit, einem Koch über die Schulter zu schauen. Dabei wurden Glasnudeln für eine Suppe gepufft. Ich habe es später mit Reisnudeln versucht und festgestellt, daß es auch geht. In China wird es nicht als Nascherei gegessen, aber ich habe schon manchem Freude damit gemacht. Probieren Sie es aus. Es geht schnell und macht Spaß.

1 große Tasse Olivenöl
Reis- oder Glasnudeln *(Asienläden, KulturGut Alte Schmiede)*
Kräutersalz
Rosenpaprika, mild

Das Öl in einem kleinen Kochtopf erhitzen, bis ein hineingehaltener Holzkochlöffel Blasen freisetzt. Dabei darf das Öl nicht rauchen.
Die Reisnudeln zerbröseln und eßlöffelweise einstreuen. In wenigen Sekunden sind sie gepufft. Salzen und je nach Geschmack mit Rosenpaprika würzen.
Die Glasnudeln mit einer Schere in kleine Stücke schneiden und genau wie Reisnudeln im heißen Fett puffen.

Gepuffte süße Glasnudeln

1 große Tasse Erdnußöl
Glasnudeln
Ahornsirup nach Geschmack

Die Glasnudeln wie oben beschrieben puffen und mit Ahornsirup beträufeln.

Geröstete Sonnenblumenkerne

Sonnenblumenkerne

Die Sonnenblumenkerne in einer Pfanne ohne Fett, bei mittlerer Hitze und ständigem Rühren, hellbraun rösten.

Popcorn mit Salz

Salziges Popcorn mit warmer Butter übergossen gehört in den USA zu jedem Kinobesuch! Manchmal wird es auch hier angeboten und ist auf jeden Fall einen Versuch wert.

4 EL Popcornmais
2 EL Olivenöl oder Erdnußöl
½ TL Salz

Das Öl mit dem Salz in einen Topf mit Deckel gießen und den Boden mit Popcornmais bedecken. Den Deckel auflegen und bei mittlerer bis hoher Hitze poppen lassen.
Es ist fertig, wenn es leise wird. Nicht neugierig sein, denn sonst ist Ihr Popcorn in der Küche verteilt.

Kartoffelchips

Festkochende Kartoffeln
Salz
Rosenpaprika
Kokos- oder Palmfett

In einer Friteuse das Kokos- oder Palmfett erhitzen.
Die geschälten Kartoffeln mit einem Gurkenhobel in möglichst dünne Scheiben schneiden und mehrfach in Wasser die Stärke abspülen.
Mit einem Handtuch trockentupfen, kleine Mengen der Kartoffelscheiben in das heiße Fett streuen und hellbraun backen.
Salzen und mit Paprika würzen.

Naschereien, süß

Popcorn, süß

4 EL Popcornmais
2 EL Sonnenblumenöl
1 TL Vollrohrzucker

Das Öl in einen Topf mit Deckel gießen und den Boden mit Popcornmais bedecken. Den Deckel auflegen, bei mittlerer bis hoher Hitze poppen lassen, zuckern und genießen.

Buchweizen gepoppt für Müsli

4 EL Buchweizen
2 EL Sonnenblumenöl

Das Öl in einen Topf mit Deckel gießen und den Boden mit Buchweizen bedecken. Den Deckel auflegen und bei mittlerer bis hoher Hitze poppen lassen.
Dem Müsli beifügen, mit Milch übergießen und zum Frühstück genießen.

Sesamkrokant

Eine der leckersten Süßigkeiten. Fertig gekauft genießt man es, des hohen Preises wegen, nur in kleinen Mengen. Selbst hergestellt ist es eine der beliebtesten Naschereien.

2 Tassen Rohrzucker, kristallin
2 Tassen Sesam

Nichtkristalliner Zucker, wie z. B. Ursüße, ist nicht geeignet.
Den Zucker in einer Pfanne oder einem kleinen Topf bei hoher Hitze auflösen. Dabei ständig rühren. Sobald sich der Zucker aufgelöst hat, den Sesam einrühren. Vorsicht, denn die Krokantmasse wird sehr heiß!
Sobald sie geschmeidig ist, diese mit einem langen Messer auf ein großes Holzbrett streichen und abkühlen lassen.

Ein sauberes Messer unter den erkalteten Krokant schieben, nach oben ablösen und mit den Händen in Stücke brechen. In einer luftdichten Dose oder einem Beutel aufbewahren.

Marzipan

2 Tassen feines Mandelmus
1 Tasse Honig oder Vollrohrzucker
1 TL Rosenwasser

Das Mandelmus mit dem Honig oder Zucker verkneten und mit Rosenwasser abschmecken.

Halwa

Eine Spezialität aus der Türkei und aus Griechenland.

2 Tassen Tahin (Sesammus)
1 Tasse Honig oder Vollrohrzucker
Zitronensaft

Das Tahin mit dem Honig oder Zucker verkneten und mit Zitrone beträufelt servieren.

Tahinpaste

1 Teil Ahornsirup
1 Teil Tahin

Den Ahornsirup 3 Minuten bei geringer Hitze kochen, das Tahin dazugeben und weitere 5 Minuten unter ständigem Rühren kochen.
In ein Glas füllen und erkalten lassen.
Schmeckt vor allem auf Brot, läßt sich aber auch gut auslöffeln.

Glutenfreier Brotbelag, süß und pikant

- Apfel-Rüben-Kraut
- Avocado mit Kräutersalz und Pfeffer
- Bananenscheiben oder zerdrückte Banane
- Basilikum in Olivenöl (Naturkosthandel, Versand)
- Birnen-Apfel-Kraut
- Birnen-Dattel-Kraut
- Brotaufstriche, sofern sie glutenfrei sind (steht auf der Verpackung) (Naturkosthandel, Reformhaus, Versand)
- Brotbelag, selbst gemacht
- Carob-Tafel, geraspelt (Fa. Nuxo, Reformhaus)
- Carobcreme, sofern sie glutenfrei ist (diverse Hersteller).
- Fisch, aus der Konserve, sofern er glutenfrei ist
- Gelee
- Gomasio (Naturkosthandel, Reformhaus, Versand)
- Gurken, frisch und eingelegt
- Honig
- Käse, außer Schimmelkäse, Schmelzkäse und Magerkäse
- Krabben ohne Soße
- Kräutersalz (Naturkosthandel, Reformhaus, Versand)
- Lopinoaufstriche (Naturkosthandel, Reformhaus)
- Marmelade
- Nußmus, z.B. Erdnußmus, Cashewmus, Mandelmus, Haselnußmus, Mischmus, Sonnenblumenkernmus, Tahin (Naturkosthandel, Reformhaus, Versand)
- Pflaumenmus
- Pomodori (Versand: Bruno Fischer)
- Quark
- Reissirup (Naturkosthandel)
- Rinderbratenscheiben (selbst gemacht)
- Sardellenpaste
- Schichtkäse
- Schnittlauch, frisch oder aus der Kühltruhe
- Spiegel- oder Rührei, gekochtes Ei
- Tofubelag, sofern glutenfrei; steht auf der Verpackung (Naturkosthandel, Reformhaus, Versand)
- Tofupastete (Reformhaus), sofern glutenfrei
- Tofuscheiben (Reformhaus), sofern glutenfrei
- Tomaten, frisch

- Vegetarische Pasten, sofern glutenfrei (Reformhaus)
- Vitam R (Reformhaus)
- Wurst, sofern glutenfrei (Naturkosthandel, Reformhaus, Versand)
- Zuckerrübensirup
- Zwiebeln, gebraten

Selbstgemachter Brotbelag

Kräuteravocado

Reife Avocados müssen weich sein, dürfen aber keine schwarzen Stellen haben. Sie werden halbiert und auseinandergedreht. Der Kern bleibt in einer Seite stecken, kann aber ganz leicht herausgedrückt werden. Es ist einfacher, die Avocado auszulöffeln, als sie zu schälen.
Sie schmeckt nur mit Salz und Pfeffer gewürzt sehr gut. Noch besser schmeckt sie zubereitet.

1 Avocado
¼ TL Zitrone
½ TL Kräutersalz
1 Prise Salz
¼ Tasse frische Gartenkräuter, kleingeschnitten

Die Avocado wie oben beschrieben halbieren, entkernen und auslöffeln. Das Fruchtfleisch mit einer Gabel zerdrücken und mit den restlichen Zutaten verrühren.
Schmeckt köstlich auf Brot und als kleine Leckerei zum Salat oder als Vorspeise.

Lopinoaufstrich

Lopino ist schon gar, muß also nicht lange gebraten werden. Der Brotaufstrich, wie er unten beschrieben wird, schmeckt auch zu Pellkartoffeln.

½ Packung (100 g) Lopino, neutral
2 mittlere Zwiebeln
3 EL Olivenöl
¼ TL Salz
½ TL Paprika, mild
1 Prise Paprika, scharf

Die Zwiebeln mit Salz im Olivenöl glasig braten.
Das Lopino mit kaltem Wasser abwaschen, kleinschneiden und 3–5 Minuten mitbraten.
Erst kurz vor dem Servieren mit Paprika würzen und noch warm auf Brot essen.

Schnittlauch

Schnittlauch
Kräutersalz

Frischer, kleingeschnittener und mit Kräutersalz gewürzter Schnittlauch schmeckt sehr gut auf einem Butterbrot. Einfach das Brot mit der Butterseite in den geschnittenen Schnittlauch drücken. Der Schnittlauch bleibt haften. Wer im Winter nicht darauf verzichten möchte, kann den Schnittlauch einfrieren. Dazu den möglichst trockenen, kleingeschnittenen Schnittlauch in einer Dose einfrieren und je nach Bedarf eine kleine Menge entnehmen. Es reicht, wenn Sie ihn wenige Minuten vor dem Essen aus der Kühltruhe nehmen, denn er braucht nur kurze Zeit zum Auftauen.

Tomatenscheiben

Frische Tomaten auf Brot sind ein köstlicher Belag. Achten Sie aber dabei auf die Qualität der Tomaten. Der Kauf im Naturkosthandel lohnt sich, denn diese Tomaten haben besonders viel Aroma. Leider sind tiefgefrorene Tomaten nicht als Brotbelag geeignet.

Tomaten
Kräutersalz
Oregano

Die Tomaten in dünne Scheiben schneiden, je nach Geschmack salzen und mit zwischen den Händen feingeriebenem Oregano bestreuen.
Möglichst 1 Stunde einziehen lassen und auf Butterbrot essen.

Suppen

Schnelle Möhrensuppe

(für 2 Personen)

1 Flasche Möhrensaft *(Fa. Voelkel, Naturkostladen)*
1 bis 2 EL Cashewmus
2 EL Würzl *(Fa. Bruno Fischer, Naturkosthandel, Versand)*
1/4 Tüte Kartoffelpüreepulver *(Fa. Bruno Fischer, Naturkosthandel, KulturGut Alte Schmiede)*

Alle Zutaten mit einem Schneebesen verrühren und kurz aufkochen lassen. Fertig ist eine leckere Suppe, die auch unangemeldete Gäste zum Staunen bringt.
Je kürzer Sie den Saft kochen, desto mehr Vitamine bleiben erhalten.

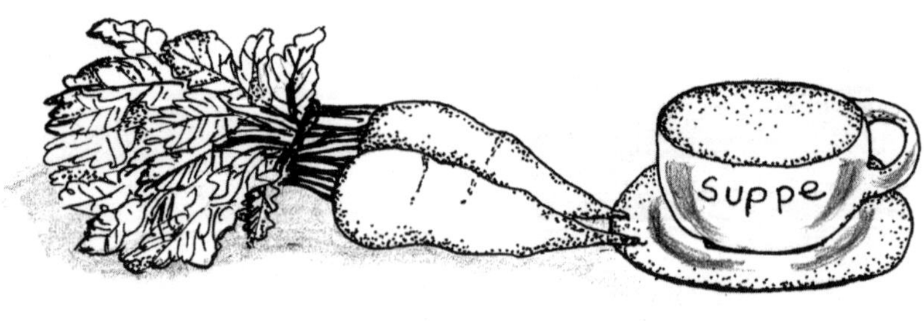

Brokkolisuppe mit gepufften Reisnudeln (für 2 Personen)

1 l Wasser
2–3 EL Würzl *(Fa. Bruno Fischer, Naturkosthandel, KulturGut Alte Schmiede)*
200–300 g Brokkoli
etwa 20 g Reisnudeln *(Asienläden, KulturGut Alte Schmiede)*
1 Tasse Olivenöl, Kokos- oder Palmfett

Kleine Brokkolirosen in der Würzlbrühe kochen.
Das Fett in einem kleinen Topf erhitzen und die Nudeln in kleinen Mengen einstreuen. Nach wenigen Sekunden sind die Nudeln gepufft und müssen mit einer Gabel aus dem Fett geholt werden.
Die gepufften Nudeln in einer Suppenschüssel sammeln und kurz vor dem Servieren mit der Brokkolibrühe übergießen.

Hokkaidokürbissuppe

Hokkaidokürbis gibt es von Herbst bis Weihnachten im Naturkosthandel. Er läßt sich am einfachsten schälen, wenn man ihn halbiert und dann mit einem scharfen kleinen Messer die Schale abschnitzt.
Ein mittlerer Hokkaidokürbis reicht für 4 Personen

1 Hokkaidokürbis
2 große Kartoffeln
½ l Milch
2 EL Würzl *(Fa. Bruno Fischer, Naturkosthandel, Versand)*
Salz
2 EL Butter

Den Kürbis und die Kartoffeln schälen, in Stücke schneiden und in der Milch weichkochen.
Mit einem Mixer pürieren, mit Würzl, Salz und Butter abschmecken.

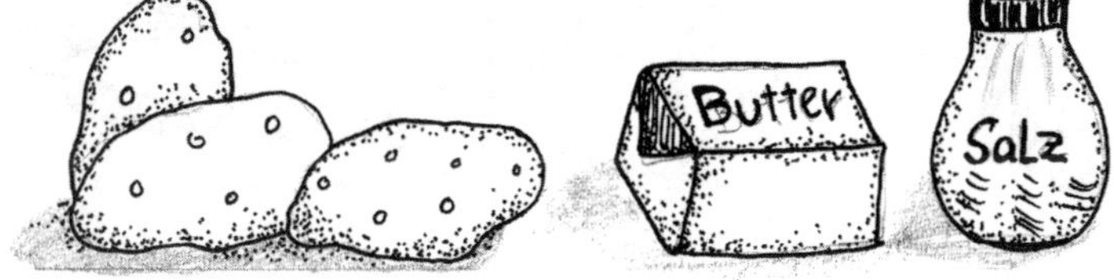

Salatsoßen

- Bei einer reinen Essig- und Ölsoße spielt die Qualität der Zutaten eine wichtige Rolle. Es lohnt sich, vor allem beim Essig, etwas mehr Geld auszugeben.
- Essig und Öl mit einem Schneebesen oder Mixer geschlagen wird cremig.
- In Haushaltswarenläden gibt es Salatschleudern. Da sie nur wenig Geld kosten, lohnt sich die Anschaffung, denn sie helfen, den Salat nach dem Waschen zu trocknen. Das spart Salatsoße und intensiviert den Geschmack.
- Zu jedem Salat schmecken in der fettfreien Pfanne geröstete Cashewkerne oder Sonnenblumenkerne.

Essig

Besonders empfehlenswert ist Balsamiko (auch Balsamessig genannt), ein Rotweinessig aus Italien. Je länger die Lagerung, desto besser der Geschmack.
Nicht zu verachten ist aber auch Himbeeressig, ein Essig, dem eingelegte Himbeeren den guten Geschmack geben.

Öl

Wer einen zu hohen Cholesterinspiegel hat, sollte unbedingt Distelöl verwenden. Echte Delikatessen sind Nußöle, die es im Naturkosthandel, im Reformhaus und in Delikateßabteilungen des Lebensmittelhandels gibt. In Asienläden gibt es besonders aromatisches Sesamöl. Es ist ganz dunkel, denn es wird aus dem schwarzen Sesam gepreßt.
Zu Olivenöl schmeckt am besten der oben erwähnte Balsamiko.

Sojatrunk-Cashewmus-Salatsoße (je Salatkopf)

1 große Bechertasse Sojatrunk
3 EL Balsamiko
3 EL Nußöl
1 großer EL Cashewmus
1 Prise Salz
½ große Tasse Sonnenblumenkerne

Bis auf die Sonnenblumenkerne alle Zutaten mit einem Schneebesen cremig/schaumig schlagen und über den Salat gießen.
Die Sonnenblumenkerne ohne Fett in einer Pfanne leicht rösten und noch heiß, ganz kurz vor dem Servieren, auf den Salat streuen.

Saftsoße mit Apfelpektin (je Salatkopf)

1 große Bechertasse frisch ausgepreßter Orangen- oder Apfelsaft
1 EL Zitronensaft
1 EL Ahornsirup oder Honig *(Naturkosthandel, Reformhaus, Versand)*
1 Prise Salz
1 TL Apfelpektin *(Fa. Natura, Reformhaus)*

Alle Zutaten mit einem Schneebesen verrühren und über den Salat gießen.
Das Apfelpektin dickt die Salatsoße etwas ein.

Orangensaft-Bananen-Soße (je Salatkopf)

Besonders bei Kindern ist diese süß-saure Salatsoße sehr beliebt.

2 große Bechertassen Orangensaft
1 reife Banane
¼ Tasse Rosinen
¼ Tasse gehobelte Mandeln
2 TL Zitrone
2 TL Ahornsirup oder Honig
1 Prise Salz
½ TL Apfelpektin *(Reformhaus)*

Die Banane mit einer Gabel zerdrücken und schaumig schlagen.

Die restlichen Zutaten dazugeben und über den Salat gießen. Der Salat sollte eine festere Sorte, z. B. Eisbergsalat, sein.
Ein paar Apfel- und Orangenstücke verfeinern das Ganze.

Mayonnaise

Mayonnaise enthält leider oft Gluten, ohne daß es auf dem Glas steht. Entweder kaufen Sie sie im Naturkosthandel oder Reformhaus, oder Sie machen sie selbst. Sofern Sie gute Zutaten verwenden, schmeckt die selbstgemachte ohnehin am besten.

Mayonnaise

2 Eigelb
Salz
1 EL Essig oder Zitronensaft
125 ml Öl (Distelöl)

Alle Zutaten müssen Zimmertemperatur haben. Das gesalzene Eigelb mit einem Mixer schaumig schlagen und den Essig oder Zitronensaft dazugeben. Das Öl während des Mixens zunächst tropfenweise hinzufügen, später etwas schneller. Aber Vorsicht, Ungeduld wird mit Gerinnung bestraft.

Remoulade

Remouladensoße schmeckt besonders gut unter dünnen Scheiben Puten- oder Hühnerfleisch. Das Geflügelfleisch sollten Sie aber selbst braten und in Scheiben schneiden. Nur so können Sie sicher sein, daß es glutenfrei ist.

2 Eigelb
Salz
1 EL Essig
125 ml Öl
¼ Tasse sehr fein gehackte frische Kräuter

Zubereitung wie bei der oben erwähnten Mayonnaise.
In die fertige Mayonnaise die Kräuter einrühren.

Beilagen

Kartoffelgerichte

Etwas mehr Geld bei Kartoffeln zu investieren lohnt sich auf jeden Fall. Die Qualität der Kartoffeln aus dem Naturkostladen unterscheidet sich oft erheblich von den konventionell angebauten aus dem Lebensmittelhandel. In Süddeutschland werden »mehligkochende« und in Norddeutschland »festkochende« Sorten bevorzugt. Zur Einkellerung eignen sich nur die späten Sorten (z. B. Linda, Hansa).

Ohne Wasser im Dampf gegart

Im Haushaltswarenhandel und im Versand KulturGut gibt es Gemüsedünsteinsätze. Sie passen in jeden Topf und kosten nur sehr wenig.
Mit diesen Metalleinsätzen können Sie Kartoffeln – und natürlich alle anderen Gemüse – ohne direkten Wasserkontakt im heißen Dampf garen.
Das heißt, Sie legen die geschälten Kartoffeln in den im Kochtopf stehenden Einsatz. Im Topf dürfen nur 3 cm Wasser sein, der Deckel muß geschlossen sein.
Sobald das Wasser kocht, den Herd auf geringe Temperatur stellen. Nach 20 Minuten sind die Kartoffeln gar, und Sie gießen keine kostbaren Vitamine in den Ausguß, wie es beim Kochen in Wasser der Fall wäre.
Die Kartoffeln schmecken viel besser und sind gesünder.
Kartoffeln grundsätzlich ohne Salz kochen. Denn das Natrium im Salz bindet Kalium in der Kartoffel und zieht so den wertvollen Mineralstoff aus den Kartoffeln, der mit dem Kochwasser im Ausguß landet. Kartoffeln also nur entweder vor dem Servieren oder später bei Tisch salzen.

Quinoa kochen

Quinoa ist eine leckere Beilage und ganz einfach zu kochen. Rechnen Sie je Person 1 kleine Tasse Quinoa.

1 Teil Quinoa
2 Teile Wasser
Salz

Das Quinoa im gesalzenen Wasser mit aufgelegtem Deckel 20 Minuten bei ganz geringer Hitze garen. Das Quinoa saugt das Wasser vollständig auf. Kocht es zu lange, verliert es an Geschmack.
Als Beilage zu Gemüse und Fleisch.

Pikante Polentapuffer

250 g Polenta (Maisgrieß) *(Hammermühle)*
1 l Wasser
½ TL Salz
4 Eier
⅛ l Milch
4 El Maismehl
Salz, Pfeffer, Petersilie, Öl

Den Maisgrieß in Salzwasser aufkochen und zugedeckt bei schwacher Hitze 40 Minuten quellen lassen, dabei öfter umrühren.
Den Brei etwas abkühlen lassen und in eine Schüssel füllen.
Mit einem Knethaken Eier, Milch und Maismehl unterarbeiten. Den Teig mit Salz, Pfeffer und Petersilie abschmecken.
In erhitztem Öl kleine Polentapuffer ausbacken.
Schmecken gut zu Eintopf, Kompott oder mit Avocado oder Tomatencreme bestrichen als Imbiß.

Nudelgerichte

Reisnudeln mit Cashewmus

100 g Reisnudeln
etwa 2 Bechertassen Wasser
½ TL Salz
2 EL Cashewmus

Das Wasser aufkochen, salzen und das Cashewmus mit einem Schneebesen einrühren. Die Nudeln dazugeben. Sie dürfen nur gerade so mit Wasser bedeckt sein.
Ohne Deckel garen, dabei häufig rühren. Das Wasser muß vollständig verkochen.

Nudelsalat mit Makkaroni

250 g Hammermühle Makkaroni
1 EL Öl
200 g Salami *(Versandadressen im Anhang)*
200 g Gouda, jung
5 Gewürzgurken
1 Glas Tomatenpaprika (150 g)
1 Dose Erbsen, sehr fein
1 Dose Gemüsemais
1 Dose Pilze in Scheiben
1 Dose Tomaten
Salz, Pfeffer, Oregano
1 Bund Dill

Die Nudeln in Salzwasser mit 1 Eßlöffel Öl bißfest kochen, mit lauwarmem Wasser abspülen und abtropfen.
Die Salami, den Gouda und die Gewürzgurken fein würfeln
Die Tomaten aus der Dose durch ein Sieb gießen, den Saft auffangen und die Tomaten kleinschneiden.
Die Nudeln mit Gemüse, Salami und Käse mischen.
Aus Tomatensaft, Gurkenbrühe, Öl, Essig und Gewürzen eine Salatsoße mischen und scharf abschmecken.
Den Salat mit der Soße vermengen und durchziehen lassen.

Penne mit Ragout

200 g Filet
1 Knoblauchzehe
4 EL Olivenöl
500 g reife Tomaten
1 Bund Basilikum
50 g geriebener Parmesan
Salz
frisch gemahlener Pfeffer
400 g Dr. Schär Penne

Das Fleisch in kleine Würfel schneiden, die Knoblauchzehe zerdrücken und in einer Pfanne im Olivenöl anbraten. Den Knoblauch entnehmen und das Fleisch anbraten.

Die Tomaten kurz in heißes Wasser legen, enthäuten und mit einer Gabel zerdrücken. Zum Fleisch geben und ½ Stunde kochen.
Mit gehacktem Basilikum, Salz und Pfeffer würzen.
Penne in reichlich Salzwasser bißfest kochen, abgießen, abschrecken und mit Ragout servieren. Mit Parmesan bestreuen.

Lasagne

200 g Hackfleisch
60 g Butter
1 kleine Karotte
1 kleine Zwiebel
1 Stange Bleichsellerie
½ Glas trockener Weißwein
500 g Tomaten aus der Dose
250 g Dr. Schär Lasagne
½ l Béchamelsoße *(s. nächstes Rezept)*
100 g geriebener Parmesan
Salz, frisch gemahlener Pfeffer

Zwiebel, Karotte und Sellerie fein hacken und in etwas Butter anschwitzen. Das Hackfleisch darin anbräunen und mit dem Wein löschen.
Die durchpassierten Tomaten dazugeben, salzen, pfeffern und zugedeckt auf kleiner Flamme 1 Stunde köcheln lassen.
Die Lasagneblätter in reichlich Salzwasser 10 Minuten kochen, abschrecken, abtropfen und auf einem Tuch ausbreiten.
Den Boden einer ofenfesten Form ausbuttern und mit Lasagneblättern auslegen. Zuerst etwas Fleischsoße, dann einen kleinen Teil der Béchamelsoße einfüllen und mit geriebenem Parmesan bestreuen.
Diesen Vorgang wiederholen, bis alles aufgebraucht ist. Den Rest der Butter in kleinen Flöckchen darüber verteilen.
Im vorgeheizten Ofen bei 200 °C etwa 30 Minuten backen.

Béchamelsoße

40 g Dr. Schär Kuchenmehlmischung, Mix C
500–600 ml Milch
40 g Butter
1 Prise Salz
Muskat nach Bedarf

Die Butter auf kleiner Flamme schmelzen, das Mehl dazugeben und unter ständigem Rühren die Milch einrühren. Mit Salz und Muskat abschmecken und so lange rühren, bis die Soße eine cremige Konsistenz hat.

Reisgerichte

Reis sollte, wie in Asien, so gekocht werden, daß das Wasser verkocht, denn nur so bleiben die Vitamine und Mineralien enthalten und landen nicht mit dem Kochwasser im Abfluß.

Grundrezept

1 Teil Reis (je Person ½ Tasse)
2 Teile Wasser
Salz nach Geschmack

Den Reis waschen, im Salzwasser aufkochen und mit aufgelegtem Deckel bei geringer Hitze garen. Vollkornreis benötigt etwa 30–40 Minuten. Wenn der Reis gar ist, sollte das Wasser verkocht sein.

Reis mit Zwiebeln

2–3 Zwiebeln
3–4 TL Olivenöl
1 TL Salz
1 Tasse Reis (je Person ½ kleine Tasse)
2 Tassen Wasser
¼ TL Pfeffer

Die kleingeschnittenen Zwiebeln in gesalzenem Olivenöl glasig braten.
Den Reis kurz bevor die Zwiebeln gar sind dazugeben und unter ständigem Rühren anbraten. Mit Wasser abschrecken und mit aufgelegtem Deckel garen.
Vor dem Servieren mit Pfeffer abschmecken.

Gemüsegerichte

- Die Gerichte sind für 3–4 Personen gedacht.
- Die meisten Soßen sind auch für andere Gemüsearten geeignet.
- Eine kleine Menge Fett sollte bei jedem Gemüsegericht dabei sein, damit der Körper die fettlöslichen Vitamine (A, D, E, K) aufnehmen kann. Besonders geeignet und schmackhaft sind Distelöl, Sesamöl, Haselnußöl und für italienische Gerichte Olivenöl. Ist im Rezept Nußmus angegeben, reicht das darin enthaltene Fett meistens aus.
- Nußmus, vor allem Cashewmus, ersetzt den Schuß Sahne.
- Gemüse bleibt vitaminreicher und damit gesünder, wenn es in Dampf gegart wird. In Haushaltswarenläden und im Versand KulturGut Alte Schmiede gibt es entsprechende Gemüsedünsteinsätze.
- Sollte doch einmal Gemüsekochwasser übrig bleiben, dann niemals weggießen. Etwas Würzl dazugegeben, ergibt eine leckere Trinkbrühe. Davon ausgenommen ist das erste Kochwasser von Kohl, Grünkohl und Wirsing. Es schmeckt bitter.
- Getrocknete Gewürze werden aromatischer, wenn sie kurz vor der Verwendung zwischen den Händen feingerieben werden. Besser geht es im Mörser.
- Tomatenmark entfaltet erst das volle Aroma, wenn es mindestens 30 Minuten gekocht wird.
- Gemüse läßt sich sehr gut im Wok kochen. Mit einem gebogenen Pfannenheber aus Holz läßt sich das Gargut sehr gut wenden. Wichtig ist nur, das es ein gußeiserner, dickwandiger Wok ist.
- Zum Zwiebelnbraten das Öl salzen. Sie werden dann glasiger.
- Chinesen salzen das Bratfett für Gemüse, denn es gart dann schneller.
- Sesamöl und Reiswein geben beinahe jedem Gemüse einen »chinesischen« Geschmack. Dafür das Gemüse im Wok oder einer tiefen Pfanne braten, mit Reiswein abschrecken und mit etwas Kartoffelmehl leicht andicken.

Möhren im Möhrensaft

500 g Möhren
½ TL frischer geriebener Ingwer
0,7 l Möhrensaft ohne Zutaten
2 EL Mandelmus oder Haselnußmus
1 EL Distelöl
1 TL Apfelpektin
Salz

Die geschabten Möhren kleinschneiden, den Ingwer reiben und im Möhrensaft garen.
Kurz vor dem Servieren Nußmus, Öl und Apfelpektin mit einem Schneebesen einrühren. Mit Salz abschmecken.
Mit Kartoffeln gekocht ergibt es einen leckeren Eintopf.

Möhren mit Banane

Ein vor allem bei Kindern sehr beliebtes Gericht. Der Alkohol im Weißwein verkocht, übrig bleibt nur der Geschmack. Gerade bei Möhren ist die gute Qualität wichtig. Kontrolliert biologisch angebaute schmecken besser und halten länger, vor allem, wenn sie ungewaschen sind.

500 g Möhren
3 große Tasse Orangen oder Möhrensaft
1 Tasse Weißwein, Reiswein oder Wasser
3 EL Zitronensaft
2 EL Ahornsirup
1 EL Distel- oder Sonnenblumenöl
½ TL geriebener Ingwer und 1 Prise Kardamom *(Lebensmittelhandel, Asienläden)*
2 Bananen
1 EL Apfelpektin
½ kleine Tasse Rosinen
Salz
grüner Pfeffer

Die geschabten Möhren kleinschneiden und in Saft, Sirup, Öl und Wein garen. Ingwer und Kardamom mitkochen.

Kurz bevor die Möhren gar sind, die Bananen in Stücke schneiden und mitkochen.
Mit Apfelpektin andicken und mit Salz und Pfeffer abschmecken, die Rosinen einrühren und zu Kartoffeln oder Reis servieren.

Blumenkohl mit Milchsoße

1 Blumenkohl
½ l Milch
etwa 3 g Guarkernmehl
3 EL Distelöl
Muskatnuß
Salz
1 kleine Tasse Sonnenblumenkerne

Den Blumenkohl in wenig Wasser kochen oder im Dünster dampfgaren.
Die Milch in einem Extratopf kochen, mit einem Schneebesen das Guarkernmehl einrühren, mit Öl anreichern, aufkochen lassen, mit Salz und Muskatnuß abschmecken und über den gegarten Blumenkohl gießen.
Die Sonnenblumenkerne in einer Pfanne ohne Fett rösten und darüberstreuen.

Brokkoli mit gehobelten Mandeln

Die Mandeln werden das Beliebteste am ganzen Essen sein.

500 g Brokkoli
½ Tüte gehobelte Mandeln
Salz
3 EL Butter

Den Brokkoli möglichst im Dünster garen.
Die Mandelscheibchen in der gesalzenen Butter vorsichtig unter ständigem Rühren braten und über den gegarten Brokkoli geben.
Möglichst bald servieren.

Brokkoli oder Zucchini mit Tomatenmark

In Tunesien werden viele Gemüsegerichte mit Tomatenmark gekocht. Beliebt sind Eintopfgerichte mit Kartoffeln, Gemüse (z. B. Karotten), Tomaten, Tomatenmark und Suppenfleisch. Gewürzt wird dort mit dem scharfen Harissa, einer Mischung aus exotischen Gewürzen und Rosenpaprika. Vor allem einfache Lokale außerhalb der Touristenzentren bieten solche schmackhaften Gerichte an. Sie werden nicht mit Mehl angedickt und sind einen Ausflug in ein solches Restaurant wert.

500 g Brokkoli oder Zucchini
1 kleines Glas Tomatenmark
5 EL Olivenöl
½ Tasse Wasser oder Weißwein
Salz
Oregano
Rosenpaprika, mild
Rosenpaprika, scharf

Brokkoli oder Zucchini kleinschneiden.
Das Tomatenmark im Olivenöl kurz anbraten und mit Wasser oder Weißwein abschrecken.
Brokkoli oder Zucchini dazugeben und mit aufgelegtem Deckel garen. Dabei häufig rühren, denn es brennt leicht an. Je weniger Wasser Sie verwenden, desto besser der Geschmack.
Mit Salz, Paprika und Oregano abschmecken.

Tomatensoße mit Kapern und Oliven

In guten italienischen Restaurants schmeckt sie ähnlich wie dieses Rezept. Besonders lecker sind Oliven und Kapern, wenn Sie in Olivenöl eingelegt wurden. Oliven dürfen mitkochen, Kapern dagegen nicht. Im Naturkosthandel finden Sie Kapern, rote und grüne Oliven von der Fa. Rapunzel.

500 g Tomaten, frisch oder im Glas
2 EL Tomatenmark
1–2 Tassen Weißwein
2 EL Olivenöl
10–20 Oliven
2 EL Oregano
1 EL Basilikum
1 TL Rosenpaprika
2 EL Kapern

Alle Zutaten mit Ausnahme der Kapern mindestens 30 Minuten bei geringer Hitze ohne Deckel garen. Die Kapern erst kurz vor dem Servieren dazugeben.
Schmeckt zu Kartoffeln, Nudeln, Quinoa, Reis und zu kurz gebratenem Fleisch.

Lauchgemüse

4–6 mittlere Lauchstangen
3 EL Olivenöl
1 Tasse Wasser oder Reiswein *(Asienläden)*
½ Tasse Cashewkerne
Salz

Den Lauch in dünne Scheiben schneiden und waschen.
Das gesalzene Olivenöl erhitzen und den Lauch darin unter ständigem Rühren ein paar Minuten braten. Bevor er anbrennt, den Reiswein dazugeben. Der Reiswein darf verkochen.
Kurz bevor er gar ist und wieder anbrennt, die Cashewkerne dazugeben.

Tofugerichte

Viele Tofurezepte in anderen Büchern sind glutenfrei. Falls Sie Tofu mögen, sollten Sie nach Tofu- oder Sojakochbüchern im Buchhandel fragen.
Sehr viele Tofugerichte gibt es in der asiatischen Küche. In entsprechenden Läden bekommen Sie auch frischen Tofu. Er darf nicht sauer riechen.
Aufbewahren müssen Sie ihn im Kühlschrank. Ist er nicht vakuumiert, muß er täglich in neues Wasser gelegt werden.
In China wird der Tofublock manchmal kurz in Wasser gekocht und erst dann weiterverarbeitet.
Tofu wird großporiger, wenn er tiefgefroren war. Er kann so besser den Geschmack von Gewürzen annehmen, allerdings ist er dann krümeliger. Der Eigengeschmack verändert sich dadurch aber nicht.
Tofu ist schon gar, deshalb können Sie die Bratzeit selbst bestimmen.

Tofu gebacken

(je Person)

1 mittlere Zwiebel
3 EL Olivenöl
Salz
100 g Tofu , neutral oder geräuchert

Die gewürfelte Zwiebel in gesalzenem Olivenöl glasig braten.
Den Tofu mit kaltem Wasser abwaschen, würfeln und mitbraten. Mit Salz abschmecken und zu Gemüse und Kartoffeln servieren.

Tofuhackfleisch

(je Person)

150 g Hackfleisch
2 Knoblauchzehen
3–4 EL Bratöl
100 g Tofu, neutral
Salz
Pfeffer (wenn Sie bekommen: Szechuan-Pfeffer)

Das Hackfleisch und den Knoblauch in gesalzenem Öl anbraten.
Den gewaschenen Tofu in Würfel schneiden, dazugeben und braten, bis das Hackfleisch durch ist und die Tofustücke braune Stellen haben.
Mit Pfeffer abschmecken und zu Reis oder Quinoa servieren.

Lopinogerichte

Lopino ist zwar noch ein neues Lebensmittel, trotzdem gibt es im Buchhandel ein Lopinokochbuch; die meisten Gerichte sind glutenfrei.
Lopino kann man genau wie Tofu einfrieren. Es wird dann allerdings sehr krümelig und läßt sich nicht mehr würfeln.

Lopino mit Zwiebeln (je Person)

3–5 mittlere Zwiebeln
3–5 EL Olivenöl
Salz
100 g Lopino
Pfeffer
Peperoni
Rosenpaprika, mild
Rosenpaprika, scharf

Die Zwiebeln in gesalzenem Olivenöl glasig braten.
Das mit Wasser abgespülte Lopino würfeln und dazugeben. Etwa 5 Minuten braten und mit den Gewürzen scharf abschmecken.
Schmeckt gut zu Kartoffeln, Kartoffelbrei und Gemüse.

Lopinobratlinge (je Person)

Vor allem für die schnelle Küche sind diese leckeren Bratlinge, die es in verschiedenen Rezepturen gibt, eine praktische Beilage zu Kartoffeln und Gemüse. Kurz aufgewärmt schmecken Sie aber auch auf Butterbrot.

1 Bratling
1 TL Basilikum in Olivenöl *(Naturkosthandel, Versand)*
EL Olivenöl oder Erdnußöp

Der Bratling ist schon gar und muß nur in einer Pfanne mit sehr wenig Öl erwärmt werden. Ohne Fett im Backofen geht es auch, dauert aber länger.
Das Basilikum auf den heißen Bratling streichen.

Lopino mit Möhren

400 g Möhren
200 g Lopino
1/4 Tasse Olivenöl oder Erdnußöl
Salz
Rosenpaprika, mild
Rosenpaprika, scharf

Die abgeschabten, in Scheiben geschnittenen Möhren im Olivenöl garen. Dabei häufig rühren und zwischendurch einen Deckel auflegen.
Kurz bevor die Möhren gar, sind das abgespülte und gewürfelte Lopino dazugeben. Mit Salz und Paprika abschmecken.

Lopino mit Sesam überbacken

(für 2 Personen)

200 Lopino
5 EL Sesamöl
1/4 Tasse Sesam
Salz

Das abgespülte Lopinostück mit Sesamöl bestreichen und in gesalzenem Sesam wälzen.
In einem Bräter ohne Deckel 15 Minuten im heißen Ofen garen.
Garen Sie gleichzeitig ein paar kleine Kartoffeln im Ofen, so wird die Energie besser genutzt. Servieren Sie ein Gemüse mit viel Soße dazu.

Fleischgerichte

Braten mit Trockenobst

Mit diesem Gericht können Sie Gäste begeistern. Das Trockenobst ersetzt die Preiselbeermarmelade und die eingelegte Birne. Es läßt sich auch durch Frischobst ergänzen oder ersetzen. Mit Trockenobst schmeckt die Soße allerdings intensiver.

500 g Rind- oder Wildfleisch
0,7 l Saft ohne Zucker oder Rotwein
2 Bechertassen Trockenobst gemischt (z. B. Apfel, Pfirsich, Pflaume)
5 getrocknete Feigen
½ Tasse Rosinen
1–2 Bananen
2 EL Mandelmus
3 EL Zitronensaft
1 EL Honig oder Vollrohrzucker
1 EL Salz
1 TL grüner Pfeffer, gemahlen
1 EL Apfelpektin

Das Fleisch in einen Bräter mit Deckel legen und den Saft oder Rotwein dazugießen.
Das Trockenobst, die Feigen und die Banane kleinschneiden und zusammen mit den Rosinen im Bräter verteilen. Salzen, leicht pfeffern und bei 120 °C einen halben Tag im Backofen mit aufgelegtem Deckel garen.
Die Soße mit dem restlichen Pfeffer, Mandelmus, Zitronensaft und Honig oder Vollrohrzucker abschmecken und mit einem Schneebesen verrühren.
Das Trockenobst ist weich geworden und dickt die Soße etwas ein. Das Apfelpektin nur nach Bedarf mit einrühren.
Schmeckt sehr gut zu Kartoffeln oder Quinoa und Möhren.

Braten im Ofen

500 g Rinderbraten
¼ Tasse Oregano oder Majoran
½ Tasse Olivenöl
1–2 Knoblauchzehe
½ TL Salz
½ TL Pfeffer

Den Braten in einen Bräter ohne Deckel legen.
Aus Kräutern, Olivenöl, kleingeschnittenen Knoblauchzehen, Salz und Pfeffer eine Paste machen und den Braten damit einreiben.
Während des Garens den Braten mehrfach mit dem entstehenden Saft befeuchten. Das geht am einfachsten mit einem Suppenlöffel.
Je nach Größe bei 180 °C etwa 60 Minuten garen. Wenn Sie den Braten »blutig« mögen, ist die Garzeit entsprechend kürzer.

Frikadellen mit Mandeln

500 g Hackfleisch
2 Eier
2 kleingeschnittene Zwiebeln
1 kleingeschnittene Knoblauchzehe
2 kleine Tassen Reismehl
1 Msp. Backpulver
1 Msp. Guarkernmehl
1 EL Majoran
1 TL Salz
½ TL Pfeffer
1 Tasse Mandelsplitter
Bratfett: Oliven- oder Erdnußöl

Alle Zutaten mit den Händen oder einem Mixer verrühren.
Kleine Klöße formen und in einer Pfanne beidseitig braten.
Warm zu Kartoffeln und Gemüse oder kalt auf Brot servieren.

Schnelle Gerichte

Es passiert häufig, daß man erst spät nach Hause kommt und keine Lust und Zeit mehr zum Kochen hat. Eigentlich würde man jetzt schnell etwas essen gehen. Da das aber so ohne weiteres nicht mehr möglich ist, hier ein paar schnelle Gerichte.

Reisnudeln mit Mais (Gesamtzeit etwa 12 Minuten, für 2 Personen)

200 g Reisnudeln *(Asienläden, KulturGut Alte Schmiede)*
2 EL Tahin oder Cashewmus
etwa 300 ml Wasser
1 Glas Mais
½ TL Salz

Das Tahin oder Cashewmus mit einem Schneebesen in das Kochwasser einrühren
Den Mais mit der Flüssigkeit dazugeben und aufkochen.
Die Nudeln hineinlegen und ohne Deckel bei geringer Temperatur etwa 7 Minuten garen.
Das Salz erst kurz vor dem Servieren dazugeben, da sonst der Mais zäh wird.

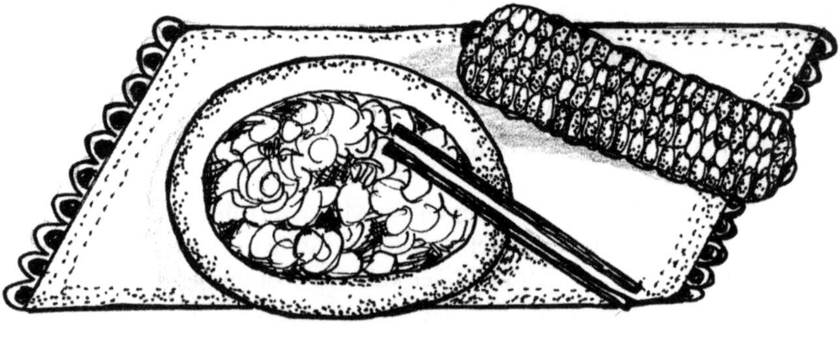

Chinakohl gedünstet (Gesamtzeit etwa 20 Minuten, für 2 Personen)

Chinakohl schmeckt sowohl als Salat als auch gedünstet. In China ist er das wichtigste Gemüse während der kalten Jahreszeit. In vielen Städten sieht man im Winter Chinakohlberge vor der Haustür. Er wird zum Teil direkt auf dem Bürgersteig gelagert. Durch die Kälte hält er sich gut. Die äußeren Blätter werden dann großzügig entfernt und wie im folgenden Rezept zubereitet. Da Chinakohl bei uns nicht auf der Straße im Staub gelagert wird, müssen die äußeren Blätter nicht entfernt werden.

1 kleiner Chinakohl
¼ Tasse Erdnußöl
1 TL Salz
1 Tasse Weißwein oder besser Reiswein
1 TL Maisstärke oder Kartoffelmehl
¼ TL Pfeffer

Den Chinakohl kleinschneiden und waschen.
Das Öl in einem Wok, in einer tiefen Pfanne oder im Kochtopf erhitzen und salzen. Den Chinakohl dazugeben und häufig wenden.
Mit Reiswein abschrecken und mit aufgelegtem Deckel 5 Minuten garen.
Den Chinakohl im Topf zur Seite schieben, den Sud mit der Stärke eindicken, mit Pfeffer abschmecken und zu Reis oder Quinoa servieren.

Quinoa mit Brokkoli (Gesamtzeit etwa 25 Minuten, je Person)

1 kleine Tasse Quinoa
2½ kleine Tassen Wasser
150–200 g Brokkoli
1 TL Salz
2 EL Butter

Das Quinoa in einen Topf geben, mit der gleichen Tasse Wasser abmessen, dazugeben und salzen.
Den Brokkoli putzen, kleinschneiden und auf die Quinoakörner legen. Sobald es kocht, den Deckel auflegen und bei geringer Temperatur 15 Minuten garen.
Die Butter unterziehen und zu Bratwürsten (Bruno Fischer- oder Villemin-Versand) oder Spiegelei servieren.

Reis mit Tomaten

(Gesamtzeit etwa 15–40 Minuten, je nach Reissorte, je Person)

½ große Bechertasse Reis
1 große Bechertasse Wasser
1 TL Kräutersalz
3 große Tomaten
2 EL Olivenöl
1 EL Oregano
Basilikum in Öl oder Oliven, nach Geschmack

Reis, Wasser und Kräutersalz in einem großen Topf garen.
10 Minuten bevor der Reis gar ist, die in Scheiben geschnittenen Tomaten auf den Reis legen, mit Olivenöl beträufeln, mit Kräutersalz und Oregano bestreuen und bei aufgelegtem Deckel fertig garen.
Umrühren und mit Basilikum in Öl oder eingelegten Oliven servieren.

Eintöpfe

Kartoffeln-Möhren-Eintopf

(Für 2 Personen)

Der Hauptvorteil ist, daß Sie, nachdem alles im Topf ist, nichts mehr machen müssen. Dieses Gericht gibt es oft bei uns, wenn wir Gäste erwarten, deren Ankunftszeit nicht sicher ist. Sobald das Gericht gar ist, stelle ich den Herd aus und säubere die Küche. Während der Garzeit bereite ich einen Salat vor und decke den Tisch ein. Wenn dann die Gäste vorfahren, stelle ich schnell den Herd an. Bis alle am Tisch sitzen, ist der Eintopf wieder warm.
Die Garzeit richtet sich nach der Größe des Gemüses.

300 g Möhren
200 g Kartoffeln
0,7 l Flasche Möhrensaft ohne Zusätze
1 TL Salz
etwas geriebener Ingwer, je nach Geschmack
1 EL Tahin oder Cashewmus
Pfeffer
1 EL Apfelpektin

Möhren und Kartoffeln schälen, kleinschneiden und im Möhrensaft, zusammen mit den restlichen Zutaten außer dem Apfelpektin, garen.
Das fertige Gericht mit Apfelpektin eindicken und zu Salat servieren.
Ein passendes Fleischgericht ist der Braten mit Trockenobst.

Eier-Nudel-Auflauf

250 g Hammermühle-Nudeln
2 Stangen Porree
1 kleine Zwiebel
200 g Schinkenspeck
4 Eier
1/8 l Milch
Salz, Pfeffer, Muskat
175 g Chester oder Emmentaler, gerieben
1/2 Bund Petersilie
1 EL Margarine

Die Nudeln in Salzwasser bißfest kochen, abgießen, abschrecken und abtropfen lassen.
Den Porree putzen, waschen und in dünne Streifen schneiden.
Den Schinkenspeck ebenfalls in dünne Streifen schneiden und ausbraten.
Den Porree und die in Ringe geschnittene Zwiebel in Bratfett 5 Minuten dünsten.
Die Eier mit der Milch verquirlen, würzen und mit dem Käse verrühren. Dabei 1 EL Käse zurückbehalten.
Die Petersilie waschen und grob zerhacken.
Eine Auflaufform fetten, Nudeln, Gemüse, Speck und Petersilie lagenweise einfüllen, die Eiermilch darübergießen und mit dem restlichen Käse bestreuen.
Im Backofen auf der mittleren Schiene (E-Herd 180 °C, Gas Stufe 2, Heißluft 160–180 °C) etwa 40 Minuten goldbraun backen.

Stephanis Blumenkohl Royal

300 g Naturreis
3/4 l Wasser
3 TL Würzl *(Bruno Fischer, Naturkostladen, Versand)*
1 TL Salz

Das Gemüse:
1 großer Blumenkohl
1/8 l Wasser
1/2 TL Salz

Zum Einrühren:
2 EL Butter
1 Bund Suppengrün
1 Zwiebel
1 Knoblauchzehe
2 Msp. Würzl
1 TL Oregano

Zum Übergießen:
1 Dose (165 g) Tomatenmark
1/4 l Wasser

100 g Gouda
1 Bund Petersilie oder Schnittlauch

Den Reis waschen, mit Würzl und Salz im Wasser etwa 40–50 Minuten kochen.
Den Blumenkohl in reichlich Wasser oder besser im Gemüsedünster halbgar kochen.
In der Butter das Suppengrün, die Zwiebel und die Knoblauchzehe braten. Mit Salz und Würzl abschmecken.
Alles in einer Auflaufform schichten. Das Tomatenmark mit dem Wasser verrühren und darübergießen.
Mit Käse belegen, mit Petersilie oder Schnittlauch bestreuen und bei 225 °C im Backofen 30 Minuten überbacken.

Fertiges Gericht aus dem Ofen

(Für etwa 4 Personen)

Dieses Gericht ist besonders geeignet, wenn man nicht viel Zeit in der Küche mit Zubereitung verbringen möchte. Sobald alles im Ofen ist, kann man sich mit anderen Dingen beschäftigen.

500 g Hackfleisch
1 Ei
2 EL Majoran
1 Tasse Reismehl
1 Msp. Backpulver
1 Msp. Guarkernmehl
1 TL Salz
500 g Blumenkohl, Möhren, Kohlrabi oder von allem etwas
500 g Kartoffeln
¼ Tasse Olivenöl
1 TL Salz
2–3 EL Oregano
4 große Tomaten

Das Hackfleisch mit Ei, Majoran, Mehl, Backpulver, Guarkernmehl und Salz verkneten und in die Mitte einer Auflaufform legen.
Das geputzte beziehungsweise geschälte Gemüse und die Kartoffeln darüberhäufen, mit Öl bestreichen und mit Salz und Oregano würzen.
Den Bräter mit einem Deckel schließen und im vorgeheizten Backofen bei 180°C etwa 60 Minuten garen.
Die Tomaten in Scheiben schneiden und auf dem Gericht verteilen. Weitere 10 Minuten fertiggaren.

Pizza

Tomatenpizza

Teig:

300 g Reismehl *(KulturGut Alte Schmiede)*
3 g Guarkernmehl
10 g Trockenhefe
1 TL Salz
etwa 200 ml Wasser
3 EL Olivenöl

Belag:

3 EL Tomatenmark
2 Tomaten
4–6 große Scheiben Gouda oder Edamer
1–2 EL Basilikum
1 TL Kräutersalz

Mehl, Guarkernmehl, Hefe, Salz, Wasser und Olivenöl zu einem Teig verarbeiten und 1 Stunde an einem warmen Ort aufgehen lassen.
Den Teig in einer Kuchenspringform ausbreiten und mit Tomatenmark bestreichen.
Die Tomaten in Scheiben schneiden, auf der Pizza verteilen und mit Käse bedecken. Mit Kräutersalz und Basilikum bestreuen und in den kalten Backofen stellen.
Den Backofen nach 15 Minuten auf 200 °C stellen und 20 Minuten backen.
Natürlich läßt sich diese Pizza nach Belieben mit anderen Zutaten, z. B. Pilzen, Salami usw., belegen.

Gemüsekuchen

Teig:

500 g Mehlmischung *(KulturGut Alte Schmiede)*
5 g Guarkernmehl
20 g Trockenhefe
etwa 400 ml Wasser
5 EL Olivenöl
1 TL Kräutersalz

Belag:

3 große Zwiebeln
3 EL Olivenöl
1 Prise Salz
3 kleine Zucchini
1 kleiner Strauß Brokkoli
4 große Tomaten
4 EL Tomatenmark
3 EL Basilikum
1 EL Oregano
6–8 Scheiben Gouda oder Edamer
Kräutersalz

Mehl, Guarkernmehl, Hefe, Wasser, Öl und Salz zu einem Teig verarbeiten und 1 Stunde an einem warmen Ort aufgehen lassen.
Die Zwiebeln im leicht gesalzenen Olivenöl anbraten und das restliche Gemüse außer den Tomaten dazugeben.
Einen Deckel auflegen und häufig rühren. Das halbgare Gemüse abkühlen lassen.
Den Pizzateig auf einem Backblech ausbreiten und mit Tomatenmark bestreichen.
Das Gemüse auf dem Teig verteilen, mit Tomatenscheiben belegen und mit Kräutersalz, Oregano und Basilikum würzen und mit Käse belegen.
Das Backblech in den kalten Backofen schieben und erst nach 15 Minuten auf 200 °C einschalten.
Nach etwa 30 Minuten zu einem frischen Salat servieren.

Babykost

Reisbrei

½ Tasse geschroteter Reis
1 Tasse Milch
1 winzige Prise Salz
2 EL Rosinen oder Korinthen, feingehackt

Den geschroteten Reis in der Milch 10 Minuten garen und mit gehackten Rosinen oder Korinthen süßen.

Reisbrei mit Mandelmus

½ Tasse geschroteter Reis
1 Tasse Milch
1 winzige Prise Salz
1 TL Mandelmus

Das Schrot in der Milch garen und mit Mandelmus abschmecken.

Möhrenbrei

2–3 Möhren aus biologischem Anbau
1 große Tasse Wasser
1 TL Cashewmus
1 kleine Prise Salz

Die geschälten Möhren kleinschneiden und in Wasser garen.
Mit einer Gabel zerdrücken und mit Cashewmus und Salz abschmecken.

Nachspeisen

Quinoa gesüßt

1 EL Cashewmus
1 Tasse Quinoa
2 Tasse Milch
1 Prise Salz
2 EL Vollrohrzucker
¼ Tasse Rosinen oder Korinthen

Das Cashewmus mit einem Schneebesen in Milch auflösen.
Das Quinoa in der Milch bei geringer Hitze garen.
Das Salz, den Zucker und die Rosinen oder Korinthen unterziehen und warm mit einer Puddingsoße servieren.

Pudding

1 Päckchen Puddingpulver
½ Liter Milch
1 Banane
2 EL Vollrohrzucker oder Honig

Das Puddingpulver in einer kleinen Milchmenge auflösen, den Rest der Milch zum Kochen bringen und den Herd abschalten.
Das aufgelöste Puddingpulver eingießen und dabei mit einem Schneebesen rühren.
Die Banane mit einer Gabel zerdrücken, schaumig schlagen und unterziehen.
Mit Zucker oder Honig abschmecken und kalt oder warm servieren.

Pudding mit Cashewmus

1 Päckchen Puddingpulver
½ Liter Milch
2 EL Cashewmus
3 EL Vollrohrzucker oder Honig

Das Puddingpulver in einer kleinen Milchmenge auflösen, den Rest der Milch zum Kochen bringen und den Herd abschalten.
Das Cashewmus mit einem Schneebesen einrühren, das aufgelöste Puddingpulver eingießen und dabei mit einem Schneebesen rühren.
Mit Zucker oder Honig abschmecken und kalt oder warm servieren.

Grütze

500 ml geschmacksintensiver Saft (z. B. Johannisbeere)
100 g Tapioka oder Perlsago
Honig oder Vollrohrzucker je nach Zuckergehalt des Safts

Den Saft mit dem Tapioka oder Perlsago 5 Minuten köcheln, mit Honig oder Zucker abschmecken und kalt servieren.

Gebratene Banane

1 Tasse kristalliner Vollrohrzucker
2 Bananen
½ Tasse Zitronensaft

Den Zucker in einer Pfanne unter ständigem Rühren bei hoher Hitze auflösen. Sobald der Zucker vollständig aufgelöst ist, mit Zitronensaft abschrecken. Zunächst klumpt der Zucker.
Nach wenigen Minuten Kochen wird eine zähe Masse daraus, in der die der Länge nach halbierten Bananen gegart werden.
Wer es besonders festlich machen möchte, kann das Ganze am Tisch noch flambieren.

Banane aus dem Ofen

Bananen mit Schale
Zitronensaft
Ahornsirup

Die Bananen mit geschlossenen Schalen auf ein Backblech legen und im Ofen bei 200 °C backen, bis sie aufplatzen und weich sind. Die Backzeit richtet sich nach der Größe der Bananen.
Schälen, mit Zitronensaft und Ahornsirup beträufeln und noch warm servieren. Schmeckt göttlich zu Pudding oder Eiscreme.

Süße Soßen

Bananensoße mit Milch

½ l Milch
2 große oder 3 kleine Bananen
1 EL Honig oder Ahornsirup

Die Bananen mit einem Mixer pürieren, schaumig schlagen und die Milch dazugießen. Mit Honig oder Ahornsirup abschmecken und leicht gekühlt servieren.

Puddingsoße mit Banane

½ l Milch
½ Beutel Puddingpulver
1 EL Mandelmus
1 Banane
2 EL Vollrohrzucker

1 kleine Tasse Milch entnehmen und das Puddingpulver darin auflösen. Den Rest der Milch aufkochen und das Mandelmus mit einem Schneebesen einrühren.
Sobald die Milch kocht, den aufgelösten Pudding einrühren und nach etwa 1 Minute vom Herd nehmen.
Die Banane mit einer Gabel zerdrücken, cremig rühren und in den Pudding einrühren.
Mit Vollrohrzucker abschmecken und kalt oder warm servieren.

Eiscreme

Wer gerne Eiscreme ißt, sollte über die Anschaffung einer Eismaschine nachdenken.
Es geht aber auch in der Kühltruhe. Dabei muß zunächst alle 5 Minuten und später alle 15 Minuten gerührt werden, da sonst das Eis kristallisiert. Zum Süßen ist Honig nicht geeignet, da er genau wie Apfel- und Birnendicksaft an Geschmack verliert und hart wird. Geeignet ist Ahornsirup und jeder Zucker, wobei der Vollrohrzucker oder die Ursüße zu bevorzugen ist.

Tropenreigen-Softeis

0,7 l Tropenreigen *(Voelkel, Naturkostladen)*
Ahornsirup oder Zucker nach Geschmack

Beide Zutaten verrühren, abschmecken und unter häufigem Rühren einfrieren oder in einer Eismaschine verarbeiten.

Johannisbeereiscreme

1 Flasche (0,7 l) Johannisbeersaft *(z. B. Voelkel, Naturkostladen)*
1 Beutel Eispulver natur *(Hubmann, Naturkosthandel)*
Ahornsirup oder Zucker nach Geschmack

Das Pulver mit einem Schneebesen in den Saft einrühren und 30 Minuten stehen lassen.
Mit Zucker abschmecken und unter häufigem Rühren einfrieren oder in einer Eismaschine verarbeiten.

Bananeneis

½ l Milch
2 Bananen
3 EL Vollrohrzucker

Die Bananen mit einer Gabel zerdrücken, cremig schlagen und mit der Milch vermischen.
Mit Zucker abschmecken und unter häufigem Rühren einfrieren oder in einer Eismaschine verarbeiten.

Fruchteis

2 Tassen Erdbeeren oder Himbeeren
1 Banane
½ Tasse Saft
Vollrohrzucker nach Geschmack

Alle Zutaten außer dem Zucker im Mixer pürieren, mit Zucker abschmecken und unter ständigem Rühren einfrieren oder in einer Eismaschine verarbeiten.

Getränke

Sojabohnenkaffeebohnen

500 g gelbe Sojabohnen
2 l Wasser

Die Sojabohnen in reichlich Wasser 12 Stunden einweichen.
Das Wasser abgießen und die Bohnen auf einem tiefen Backblech verteilen.
Bei 200 °C im leicht geöffneten Backofen etwa 40–60 Minuten rösten. Dabei mehrfach die Bohnen verrühren.
Sobald sie hellbraun sind, sollten Sie sich lieber vor den Ofen setzen, denn sie können schnell zu dunkel werden. Der Kaffee schmeckt dann zu bitter. Die Bohnen sollten die Farbe von Milchschokolade haben.
Sobald die Bohnen erkaltet sind, mit einer Kaffeemühle mahlen und in einer Dose aufbewahren.

Kinderkaffee aus Sojabohnen

3–4 gehäufte EL Sojakaffee, gemahlen
1–2 TL Carobpulver oder Kakaopulver
1 l Wasser
1 Becher Milch
Zucker oder Honig nach Geschmack

Kaffee und Carob direkt in eine Kanne geben und mit kochendem Wasser übergießen.
Nach 5 Minuten rühren, damit der Satz nach unten sinkt.
Mit Milch und Zucker abschmecken.

Mandeltrunk

1 Teil Mandeln
2 Teile abgekochtes kaltes Wasser
Honig oder Ahornsirup nach Geschmack

Die Mandeln zum Schälen mit heißem Wasser überbrühen und nach wenigen Minuten die Schale abstreifen.

Die so geschälten Mandeln mit dem kalten Wasser übergießen und 12 Stunden in den Kühlschrank stellen.
Beides im Mixer pürieren und durch ein Haarsieb gießen. Damit auch die feinen Mandelstücke ausgesiebt werden, einfach noch einmal durch ein Stoffteesieb gießen. Mit sauberen Händen die Nußreste im Teesieb auswringen.
Nach Geschmack süßen und kalt servieren.
Mandeltrunk hält sich nur 1–2 Tage im Kühlschrank; muß also bald getrunken werden.

Milchmixgetränke

Milch
Früchte nach Belieben
Birnendicksaft, Apfeldicksaft, Ahornsirup oder Zucker nach Geschmack

Die Früchte pürieren und dabei die Milch langsam dazugießen, abschmecken und gekühlt servieren.

Grillen

Natürlich können Sie Fleisch grillen oder Bratwürstchen ohne Gluten. Aber kennen Sie auch die nachfolgenden Rezepte?

Kartoffeln

Kartoffeln
Alufolie
Butter
Kräutersalz

Möglichst kleine festkochende Kartoffeln in Alufolie wickeln und in die glühende Kohle legen.
Mit einem Messer prüfen, ob sie gar sind, und mit Butter und Kräutersalz essen.

Aubergine

Aubergine
Kräutersalz

Die ganze Aubergine direkt in die Glut legen und mehrfach wenden. Sie wird schwarz und weich.
Die verkohlte Schale entfernen und mit Kräutersalz genießen. Schmeckt wunderbar zu Kartoffeln.

Banane

Die Bananen mit Schale einfach in die heiße Glut legen. Sie platzen nach wenigen Minuten auf, werden weich und schmecken ausgelöffelt göttlich.

Frikadelle

500 g Gehacktes
2 Eier
1 Tasse Paniermehl *(Hammermühle)* oder Erdnußöl
2 EL Majoran
1 EL Salz
2 Zwiebeln
2–5 Zehen Knoblauch

Die Zwiebeln und den Knoblauch kleinschneiden und zusammen mit den restlichen Zutaten vermengen.
Flache Kugeln formen und auf einem Gitterrost beidseitig grillen.

Geflügel

Hähnchen- oder Putenstücke
Salz, Rosenpaprika
Curry nach Geschmack

Das Geflügel salzen und auf dem Grill beidseitig braten.
Vor dem Servieren mit Rosenpaprika und Curry würzen und mit einer gegrillten Banane genießen.

Glossar

Temperaturvergleichstabelle

Elektroherd	180 °C	200 °C	210 °C
Heißluftherd	160 °C	170 °C	180 °C
Gasherd, Stufe	2	2–3	3–4

Abkürzungen

EL	Eßlöffel
Fl.	Flasche
g	Gramm
l	Liter
ml	Milliliter
Msp.	Messerspitze
TL	Teelöffel

Minilexikon Lebensmittel

Agar Agar: glutenfreies Verdickungsmittel aus getrockneten Rotalgen.
Ahornsirup: Blutungssaft des kanadischen Zuckerahornbaums.
al dente: mit Biß gekocht.
Apfeldicksaft: glutenfreier konzentrierter Apfelsaft.
Arrowroot / Pfeilwurzelmehl: glutenfreies Verdickungsmittel.
Basmati: besonders aromatischer Reis aus Indien.
Biobin: glutenfreies Verdickungsmittel aus Guarkernmehl und Johannisbrotkernmehl.
Birnendicksaft: glutenfreier konzentrierter Birnensaft.
Brottrunk: milchsauer vergorenes Getreidegetränk.
Daikon: weißer, getrockneter oder glutenfrei eingelegter Rettich.
Darren: im Backofen Getreide bei etwa 70 °C trocknen.
Demeter: biologisch dynamischer Anbau und mit Kompost gedüngt und nach Aussaatkalender angebaut; Kontrolle durch den Demeter-Bund.
Dinkel: eine Weizenform; unreif geerntet wird er Grünkern genannt.
Dörren: trocknen von Lebensmitteln.
E-Nummer: Zusatzstoffe.
Emulgator: verbindet Wasser und Fett und kann Gluten enthalten.
Fruchtkaffee: aus Getreide und Früchten hergestellter glutenhaltiger Kaffee-Ersatz.
Fruchtriegel / Fruchtschnitte: eine aus Trockenfrüchten, Honig, Samen und Nüssen hergestellte Süßigkeit, teilweise glutenfrei.
Gomasio (Sesamsalz): gerösteter Sesam geschrotet mit Meersalz.
Guarkernmehl: glutenfreies Verdickungsmittel aus den Kernen des tropischen Guajavebaums.
Kamut: altägyptischer Urweizen.
kbA: kontrolliert biologischer Anbau; kontrolliert von einem Verband.
Kokoh: Mischung aus pulverisierten gedarrten glutenhaltigen Getreidearten.
konventionell angebaut: nicht unter biologischen Gesichtspunkten angebaut.
Kräutersalz: Mischung aus verschiedenen Gewürzen und Kochsalz; im Naturkosthandel und Reformhaus erhältliche sind meistens glutenfrei.

Kuzu / Kouzou: glutenfreies Verdickungsmittel aus der asiatischen Kuzupflanze.

Kwasz / Kwas / Kwaß / Geiselitz / Brage (aus Hirse) / Kwascha: milchsauer vergorenes glutenhaltiges Brotgetränk (aus Brot oder Mehl).

Lopino: wird aus der weißen und gelben Lupine hergestellt und ist glutenfrei.

Lupine: Blume, die häufig am Wegrand steht und violett, weiß oder gelb sein kann.

Makrobiotik: vom Zen-Buddhismus geprägte japanische Ernährungsform und Lebensphilosophie.

Meeresgemüse: glutenfreie Algen.

Miso: milchsauer vergorenes glutenhaltiges Getreide mit Sojabohnen und Salz.

Natto: glutenfreie fermentierte Sojabohnen.

neuform: Qualitätssiegel deutscher Reformhäuser.

Nigari: glutenfreies Bittersalz; wird zur Herstellung von Tofu verwendet.

Nori: glutenfreier zubereiteter Seetang.

Okara: entsteht bei der Herstellung von Tofu und ist glutenfrei.

Pesto: Kräuterspezialität aus Italien mit Käse.

Reisdrink: milchartiges glutenfreies Getränk aus Reis.

Rote Liste: Medikamentenliste.

Sago / Perlsago: selten aus Weizen, meist aus der Sago- oder Brennpalme gewonnenes Verdickungsmittel.

Seitan: wird aus Weizen hergestellt.

Sojasprossen: gekeimt aus grünen Mungbohnen (eine Sojabohnenart).

Tahin: glutenfreies Sesammus.

Takuan: in Reiskleie und Salzwasser gegorener glutenfreier Rettich.

Tapioka / Manioka: aus der Wurzel des Maniokastrauchs gewonnenes glutenfreies Verdickungsmittel.

Tofu / Sojakäse / Sojaquark: wird aus Sojatrunk hergestellt und ist glutenfrei.

Ursüße: getrockneter glutenfreier Zuckerrohrsaft.

Vanille: glutenfreie echte Vanille.

Vanillin: synthetische Vanille.

vegetarisch: ohne Fleisch; genauer: *laktovegetabil:* ohne Fleisch, Fisch und Ei, Milch wird gegessen, *ovo-laktovegetabil:* ohne Fleisch und Fisch, Milch und Ei werden gegessen; *vegan:* ohne jegliche Tierprodukte, auch ohne Honig.

Yannoh: glutenhaltiger Kaffee-Ersatz.

Medizinische Fremdwörter

Damit Sie es beim Lesen von ärztlichen Berichten etwas leichter haben, nachfolgend einige medizinische Ausdrücke, die Zöliakie bzw. die Verdauung betreffen können. Manche Wörter können sowohl mit C als auch mit K geschrieben werden.

Abdomen: Bauch, Bauchhöhle.
Absorption: s. Resorption.
...algie: Schmerz, Leid.
alimentär: durch Nahrung hervorgerufen.
Allergen: Allergieauslöser.
Analfissuren: Risse am After.
Anämie: Blutarmut.
Anamnese: Krankenvorgeschichte.
Anomalie: geringgradige Entwicklungsstörung.
Anorexie: Appetitlosigkeit.
ante...: Wortteil: vor.
anterior: vorderer.
Antikörper: zum Abwehrsystem produzierter Abwehrstoff.
Apathie: Teilnahmslosigkeit.
Aphasie: zentrale Sprachstörung nach abgeschlossener Sprachentwicklung.
Aphthen: schmerzhafter Mundausschlag.
Aplasie: Organ- oder Gewebsanlage ohne ausgebildetes Organ.
applizieren: anwenden, verabreichen / Arznei anbringen.
Assoziation: Zusammenlagerung, Verbindung, Verknüpfung.
Asthenie: Kräfteverfall.
Ataxie: Greifschwäche.
Ätiologie: Ursache / Krankheitsursache.
Atonie: Erschlaffung.
Atrophie: Zurückbildung, Gewebeschwund.
Auskultation: Abhorchen der Körpergeräuche.
Auto...: Wortteil: selbst.

benigne: gutartig.
Bilis: Galle.
Biopsie: Entnahme von Gewebe beim Lebenden.
Brunner-Drüsen: sitzen im Jejunum und Ileum und produzieren einen Darmsaft.
Chol: Galle.
Chromosom: Träger von Erbinformationen.
Colon: Dickdarm.
Colon irritabile: Reizdarmsyndrom mit Stuhlunregelmäßigkeiten und krampfartigen Bauchschmerzen.
DD: Differential-Diagnostik: von anderen Krankheiten unterscheiden.
Defäkation: Darmentleerung.
Dekalzifikation: Entkalken.
Dermatitis: entzündliche Hautreaktion.
dexter: rechts.
Diabetes mellitus: Zuckerkrankheit.
Diagnose: Erkennung und Benennung einer Krankheit.
Diarrhoe: Durchfall.
Disposition: Veranlagung / Erkrankungsbereitschaft.
distal: von der Rumpfmitte entfernt liegend.
Divertikel: Dickdarmwandausstülpung.
Dolor, dolent: Schmerz, schmerzhaft.
dorsal: rückenwärts, hinten.
Duodenum: oberer Dünndarmabschnitt (Zwölffingerdarm).
Dys...: Wortteil für krankhafte Störung eines Zustands oder einer Funktion / Miß..., Un...
Dyspepsie: Verdauungsstörung.
Dysphagie: Schluckstörung.
Dysphasie: verzögerte Sprachentwicklung.
Dysplasie: Fehlbildung oder Fehlentwicklung eines Organs oder Gewebes.
Dystrophie: Fehlernährung (eines Organs).
endogen: im Körper selbst entstehend.
enteral: in bezug auf Darm.
Enteritis: Darmentzündung.
Epigastrium: Magengrube, Oberbauchgegend.
Eruktation: Rülpser.
essentiell: lebensnotwendige Nahrungsmittel, die zugeführt werden müssen.
Eutrophie: guter Ernährungszustand.
exogen: von außen.
Faeces: Stuhl.

Flatulenz: Blähungsbeschwerden.
Flatus: Blähung.
Flexura: Biegung.
Follikel: Wortteil: Schlauch.
Gaster: Magen.
gastrointestinal: Magen und Darm betreffend.
Genese: Entstehung.
Häma: Blut.
Hämogramm: Blutbild.
Hepar / Hepat: Leber.
Heredität: Erblichkeit.
Histo: Gewebe.
Hyper...: Wortteil: viel.
Hyperglycämie: Blutzucker zu hoch.
Hypo...: Wortteil: wenig.
Hypoglycämie: Blutzucker zu niedrig.
Hypoplasie: unterentwickelt.
iatrogen: durch Arztverschulden.
idiopathisch: keiner weiß warum / ohne erkennbare Ursache entstanden.
Ileum: unterer Dünndarmabschnitt / Krummdarm.
Ileus: Darmverschluß.
Immunität: angeborene oder erworbene Abwehrkraft gegen Krankheitserreger.
Indikation: bestimmtes Heilverfahren anwenden.
inferior: weiter unten gelegen.
inflammatorisch: entzündlich.
inneres Milieu: konstant zu haltende Bedingungen im Körperinneren.
Insuffizienz: unzureichende Funktionstüchtigkeit.
intermittierend: wiederholt auftretend.
irreversibel: unwiderruflich.
ischämisch: nicht durchblutet, unter Sauerstoffmangel leidend.
...itis: Wortteil: Entzündung.
Jejunum: mittlerer Dünndarmabschnitt / Leerdarm.
Kachexie: Körperverfall.
Karz..., Karzino..., Carz..., Carzino...: Wortteil: Krebs.
Karzinogene: Faktoren oder Substanzen, die die Erkrankung an bösartigen Tumoren verursachen.
Karzinom: bösartiger Tumor.
kaudal: unten.
kausal: ursächlich.

Kerckring-Falten: quer zur Längsachse des Dünndarms verlaufende Falten.
Kolitis: Entzündung des Dickdarms.
Kolon: Dickdarm.
kongenital: angeboren.
Konstitution: Summe körperlicher und psychischer Eigenschaften.
kranial: oben.
Läsion: Schädigung, Verletzung, Zerstörung.
lateral: seitwärts.
Letalität: Sterblichkeit bei einer Krankheit.
Leukozyten: weiße Blutkörperchen.
Leukozytose: Vermehrung weißer Blutkörperchen.
Lien: Milz.
lipophil: fettlöslich.
Lobus: Leber.
Lymphozyten: zu den weißen Blutkörperchen gehörende Abwehrzellen.
Lyse…: Wortteil: Zerfall.
Malabsorption: schlechte/r Resorption / Abbau von Darminhalt.
maligne: bösartig.
Meckel-Divertikel: bis 10 cm lange Dünndarmausstülpungen.
medial: mittelwärts.
Metabolismus: Stoffwechsel.
Metastasen: Fernbildung von Geschwüren.
Meteorismus: aufgeblähter Bauch durch Gasansammlung im Darm.
Miasma: unbekannte Auslöser / krankhafte Schädlichkeit.
Morbus Crohn: Entzündung meist regional im Endbereich des Ileum, selten den ganzen Verdauungstrakt betreffend.
motorisch: die Bewegung betreffend.
Mukosa: Schleimhaut.
Mundwinkelrhagaden: Risse im Mundwinkel.
Nausea: Übelkeit.
Obstipation: Verstopfung
Ödem: pathologische Flüssigkeitsansammlung im Zwischengewebe.
Ösophagus: Speiseröhre.
orale Gabe: in den Mund einnehmen.
Palpation: Tastuntersuchung.
Pankreas: Bauchspeicheldrüse.
Papillome: gutartige Zottengeschwülste.
parenteral: unter Umgehung der Verdauung.
Pathogenese: Krankheitsentstehung .
Pathologie: Lehre von den Krankheiten.

Pathophysiologie: Lehre von krankhaften Lebensvorgängen/gestörten Funktionen.
...pathy: Wortteil: Krankheit/Leiden.
Peritoneum: Bauchfell.
Perkussion: beklopfen der Körperoberfläche.
Peyer-Plaques: Lymphknotenansammlung im Endbereich des Ileum, gehören zum Immunsystem.
Phagie: Nahrungsaufnahme.
Physiologie: Lehre von normalen (gesunden) Körpervorgängen.
physiologisch: normal.
Poese: Entstehung.
Poly: vielfach / zahlreich.
Polyphagie: übermäßig essen.
Post...: Wortteil: nach.
posterior: hinterer.
Prä...: Wortteil: vor
prädisponiert: vorbelastet.
Präkanzerose: Vorstufe von Krebs.
primär: erstrangig.
Prognose: zu erwartender Krankheitsverlauf.
Proliferation: Wiederaufbau.
Protein: Eiweiß.
proximal: zur Rumpfmitte hin.
Pruritus: Hautjucken.
Psoriasis: Schuppenflechte.
Pylorus: Pförtner, Magenausgang (zwischen Magen und Zwölffingerdarm).
Pyrosis: Sodbrennen.
Reflux, reflure: Rückfluß, zurückfließen.
Regurgieren: dauerhaftes Würgen.
Rektum: Mastdarm.
Ren: Niere.
Resistenz: Widerstandsfähigkeit.
Resorption: Aufnahme von Nahrung und anderen Stoffen z. B. über die Darmschleimhaut in die Blut- und Lymphbahn.
Retentio / Retension: Zurückhaltung.
Rezidive: Wiederauftreten.
Rumination: aufstoßen.
Sedativa: Beruhigungsmittel.
sekundär: zweitrangig.
sinister: links.

...stase: Wortteil: Stillstand.
Steatorrhoe: Fettdurchfall/Fettstuhl.
Stenose: Öffnungsstörung.
Stoma: Mund.
Stomachus: Magen.
Stomatitis ulcerose: Mundfäule.
Stomatitis: Mundschleimhautentzündung.
Stupor: Willensverlust.
substituieren: zuführen von Substanzen (z. B. Arznei).
superior: oben.
supra: oberhalb von.
Symbiose: Zusammenleben von artverschiedenen Organismen.
Symptom: Krankheitszeichen.
Syndrom: Gruppe von Krankheitszeichen.
Tenesmen: Stuhldrang ohne Gang.
terminal: am Ende von.
Trophik: Ernährungszustand.
ubiquitär: überall.
Ulcus: Geschwür.
ventral: bauchwärts, vorn.
Vertigo: Schwindel.
Vesca fellea: Gallenblase.
Villi intestinal: Darmzotten.
viszeral: zu den Eingeweiden gehörend.
Volvulus: Darmverschlingung.
Vomitus: Erbrechen.
Zotten: sitzen im Dünndarm und dienen der Oberflächenvergrößerung.

Adressen

Selbsthilfegruppen

Zöliakie/Sprue:

Deutsche Zöliakie-Gesellschaft
Filderhauptstraße 61
D-70599 Stuttgart

Schweizer Interessengemeinschaft Zöliakie
Schaulistrasse 4
CH-4142 Münchenstein

Österreichische Arbeitsgemeinschaft Zöliakie
Anton-Baumgartner-Straße 44-C5-2302
A-1232 Wien

Bei Anfragen von Nichtmitgliedern für die Zusendung von Informationen bitte Rückporto beilegen.

Allergien:

Allergiker- und Asthmatikerbund e. V.
Hindenburgstraße 110
D-41061 Mönchengladbach

Schweiz. Elternvereinigung Asthma- und Allergiekranker Kinder
Zentralsekreteriat Mia Isler
Schaufelgrabenweg 28
CH-3033 Wohlen

Wenn Sie weitere Selbsthilfegruppen suchen, wenden Sie sich an die:

NAKOS
(Nationale Kontakt- und Informationsstelle zu Anregung und Unterstützung von Selbsthilfegruppen der Deutschen Arbeitsgemeinschaft Selbsthilfegruppen e.V.)
Albrecht-Achilles-Straße 65
D-10709 Berlin

Bitte legen Sie bei Anfragen das Rückporto für einen Maxibrief in Briefmarken bei.

Glutenfreie Backwaren und Mehle

Versand: damin® glutenfrei
(früher: SHS Gesellschaft für klinische Ernährung)
Postfach 30 61
D-74020 Heilbronn
Tel. 0130/85 77 71 (gebührenfrei) • Fax 07131/58 30 71

Versand/Direktverkauf:
Bäckerei Delfs
Constantinstraße 11
D-30177 Hannover
Tel. 0511/69 02 93 • Fax 0511/69 32 25

Nur im Reformhaus:
3 PAULY Reform- und Diät GmbH
Drei-Pauly-Weg 12
D-35085 Ebsdorfergrund

Versand: drepharm GmbH
Postfach 39
D-18293 Laage
Tel. 038459/61 11

GUTENA Nahrungsmittel GmbH
Postfach 215
D-99510 Apolda
Tel. 03644/56 20 88 • Fax 03644/55 51 10

Minderleinsmühle Spezialbäckerei Hubmann
D-91077 Neunkirchen
Tel. 09126/80 03 • Fax 09126/80 02

RIESAL
Kreuzmühle
CH-6314 Unterägeri
Tel. 042/72 24 72
von Deutschland: 0041/42/72 24 72

Toseno GmbH & Co KG
Am Neuländer Baggerteich 2
D-21079 Hamburg
040/76 61 63 10 • Fax 040/76 61 63 24

Wiechert Gesundkost
Rathausstraße 12 v
D-20095 Hamburg
Tel 040/33 50 87 oder 33 50 88

Versand/Direktverkauf:

HAMMERMÜHLE
Postfach 1164
D-67485 Maikammer
Tel. 06321/958 90 • Fax 06321/580 77

KulturGut Alte Schmiede GmbH
Der NATUeRliche Versandhandel
Mühlenstraße 6
D-37194 Wahlsburg
Tel. 05572/44 48 • Fax 05572/17 16

POENSGEN Diätbäckerei
Dreiers Garten 28
D-52249 Eschweiler
Tel. 02403/200 15 • Fax 02403/361 66

Reformhaus:

Dr. Schär
Hagyenau
9, rue Meyer
F-67500 Hagenau
Infotelefon für Deutschland: 0130/81 01 54 (gebührenfrei)
Infotelefon für die Schweiz: 0039/473/29 33 00
Infotelefon für Österreich: 0039/473/29 33 00
Fax 0033/388/73 95 24

SIBYLLE DIÄT
Postfach 11 64
D-67485 Maikammer

Reformhaus/Naturkosthandel:

Schnitzer
Postfach 14 33
D-78106 St. Georgen
Tel. 07724/94 32-0 • Fax 07724/94 32 86

Naturkornmühle Werz
Stäffeleswiesen 28/30
D-89522 Heidenheim
Tel. 07321/510 18 oder 510 19 • Fax 07321/54 147

Getreidemühlen

Informationen bei:

Firma Weiling
Erlenweg 134
48653 Coesfeld
Tel. 02541/747-25 • Fax 02541/850 23

Lebensmittel & Gemüsedünsteinsätze

Versand/Direktverkauf:
KulturGut Alte Schmiede GmbH
Der NATUeRliche Versandhandel
Mühlenstraße 6
D-37194 Wahlsburg
Tel. 05572/44 48 • Fax 05572/17 16

Lebensmittel, Wurstwaren, Salatschleudern

Versand: Bruno Fischer
In der Hahnhecke 8
D-64291 Darmstadt
Tel. 06150/820 51 • Fax 06150/849 89

Sojakaffee, Sojaprodukte

Versand: Sobo Naturkost
Goltsteinstraße 43 a
D-50945 Köln
Tel. 0221/34 32 77 • Fax 0221/34 32 77

Sojaprodukte, Brotaufstriche

Versand: Alberts Tofuhaus
Albert Hess
Hauptstraße 13
D-67308 Lautersheim
Tel. 06351/4 37 18 • Fax 06351/69 01

Svadesha Naturkostvertrieb
Hans-Pfann-Straße 11
D-81825 München
Tel. 089/42 99 61 • Fax 089/42 71 249

Noka Sojamanufaktur GmbH
Hauptstraße 3
D-55232 Alzey
Tel. 06731/68 92 • Fax 06731/68 93

Nußmehl, Öle

Versand/Direktverkauf:

Ölmühle Solling
Am Schloß 14
D-37639 Bevern
Tel. 05531/12 05 56 • Fax 05531/91 65 68

Wurstwaren

Versand:

Raabs Fleischerladen
Buntentorsteinstraße 326
D-28201 Bremen
Tel. 0421/55 16 55 • Fax 0421/55 08 15

Villemin
Pfarrstraße 10
D-74321 Bietigheim
Tel. 0741/4 4240 • Fax 07142/4 48 90

Bruno Fischer
In der Hahnhecke 8
D-64291 Darmstadt
Tel. 06150/820 51 • Fax 06150/849 89

Danksagung

Für die Unterstützung danke ich all den Seminarteilnehmer/innen, die mir Anregungen gegeben und durch ihre Fragen meine Phantasie angeregt haben. Danke auch der Fa. Weiling, Frank Hennies, Werner Jopp, Christiane Bethge-Witt, der DZG und natürlich meinem Mann.
Für Rezepte danke ich Antje Eggers, Stephani Heuer, Ingrid Hennies, Brigitte Timme und Peter Dannhauer.
Die Firmen damin, Delfs, 3 Pauly, Dr. Schär, Gutena, Hammermühle, Minderleinsmühle und Toseno haben mir freundlicherweise einige Rezepte mit ihren Mehlen überlassen.

Register

Meine eigenen Rezepte und Erfahrungen